Aktienspekulationen

Unsicherheiten in den Griff bekommen

Ein Buch auch für Kleinanleger. Mit über 80 Beispielen und über 30 Tabellen.

Klaus Normal

1. Auflage September 2019

Für eine erste Orientierung finden Sie hier einige der Tabellenbeschriftungen dieses Buches.

Kursentwicklung DAX 12 Monate nach einer US-Leitzinserhöhung

Rückgang Baltic Dry Index und Kursreaktion DAX

Durchschnittliche Verluste in % bei einem Einbruch der Aktienmärkte

Dauer von Börsenkorrekturen und Bärenmärkten in den USA

Dauer von Börsenkorrekturen und Baissen im S&P 500

Kursrückgänge bei den Börsenkorrekturen des S&P 500 seit 1998

Beispiel für Aktienkäufe während eines Kurssturzes

Zeitdauer von generellen Kurserholungen

Dauer von Bären- und Bullenmärkten im Vergleich

Vergleich Baissen und Haussen - Dauer und Kursentwicklung in Prozent

Wie viele Fondsmanager Ihren Index schlagen

Kursgewinne wichtiger Börsenindices in 30 Jahren

Entgangene Gewinne durch verpasste Handelstage

Renditen von Anleihen von DAX-Unternehmen

Renditevergleich: Gold - MSCI World Index

Das Impressum ist bei den Haftungsausschlüssen.

Inhaltsverzeichnis

Vorwort

Dies ist ein seriöses Buch. Es soll ein leicht verständliches Buch sein. Wie Sie in 6 Wochen problemlos zum Millionär werden, erfahren Sie nicht in diesem Buch. Der besseren Verständlichkeit wegen gibt es in diesem Buch über 80 Beispiele und über 30 Tabellen.

Mit der Interpretation von Kopf-Schulter-Formationen werden Sie hier nicht belästigt. Mit Bilanzanalyse und Rechnungslegungsstandards wie IFRS und US-GAAP brauchen Sie sich auch nicht zu beschäftigen. Das braucht man alles nicht, um ordentliche Kursgewinne am Aktienmarkt einzufahren.

Die großen Brocken liegen auf der psychologischen Seite. Daher der Untertitel „Unsicherheiten in den Griff bekommen". Die meisten kaufen keine Aktien, weil Ihnen Aktien als Geldanlage zu unsicher sind.

Der Widerspruch zwischen Aktienphobie und dem Interesse an Aktien als Geldanlage

Die Aktienphobie in Deutschland wurde durch eine Studie von AXA bestätigt:

Ergebnisse der Studie von AXA, die im Jahr 2019 veröffentlicht wurde:

- 56 % befürchten unkontrollierbare Risiken

- 47 % halten die Börse so riskant wie ein Spielcasino

- 33 % lehnen Aktien als Geldanlage generell an

Diese Ergebnisse können in einem Satz zusammengefasst werden:

„Aktien sind zu unsicher".

Daher lautet der Untertitel dieses Buches „Unsicherheiten in den Griff bekommen". Denn laut einer Studie des "Deutsches Aktieninstitut" von 2017 glauben 42 % aller Erwachsenen, dass "eine Geldanlage an der Börse hochinteressant ist."

Dieser Widerspruch kann nur aufgelöst werden, wenn man die Unsicherheiten an den Aktienmärkten psychisch in den Griff bekommt. Die Unsicherheiten schwinden mit zunehmender Anlagedauer. Denn langfristig steigen alle wichtigen Aktienindizes wie DAX, Dow Jones, S&P 500 etc. Das wird durch dieses Buch belegt.

Doch sind die langfristigen, hohen Kursgewinne an den Aktienmärkten nur für diejenigen erzielbar, die die Unsicherheiten an den Aktienmärkten psychisch in den Griff bekommen. Wer das nicht schafft, wird nur mit Glück oder per Zufall manchmal Kursgewinne realisieren können.

Diese Unsicherheiten an den Aktienmärkten psychisch in den Griff zu bekommen, ist ein zentrales Anliegen dieses Buches. Daher gibt es unter anderem in diesem Buch das Kapitel „Wer nicht für Aktienspekulationen geeignet ist".

Von einer problemlosen Geldanlage – wie manche schreiben – kann trotz langfristig, erzielbarer Kursgewinne keine Rede sein. Dafür ist auf der psychologischen Seite zu viel harte Arbeit zu leisten.

Warum dieses Buch auch für Kleinanleger geeignet ist

Die Aktienkurse unterscheiden nicht zwischen Kleinanlegern und Großanlegern. Nicht nur Großanleger können Ihr Aktienrisiko breit streuen, sondern auch Kleinanleger. Indem Sie einen ETF auf einen Börsenindex kaufen.

Der Unterschied zwischen Kleinanlegern und Großanlegern besteht lediglich in der Höhe des absoluten Betrages, der in Aktien investiert wird.

Sowohl Großanleger als auch Kleinanleger müssen sich Gedanken darübermachen, wie viel Prozent Ihres verfügbaren Kapitals/Ihrer Ersparnisse Sie in Aktien investieren wollen. Bezogen auf diesen prozentualen Betrag sind die Unsicherheiten bei Kleinanlegern und bei Großanlegern im gleichem Umfang vorhanden. Da niemand vorhersehen kann, wie sich kurzfristig die Kurse an den Aktienmärkten entwickeln.

Die Bankgebühren sind mittlerweile – insbesondere beim Onlinebanking - so niedrig, dass Bankgebühren, keinen nennenswerten Hinderungsgrund für Aktienspekulationen von Kleinanlegern darstellen.

Zudem gibt es in diesem Buch spezielle Kapitel für Kleinanleger.

Die Telekom-Aktie – das Groschengrab der Kleinanleger

Die Telekom-Aktie, die natürlich teurer als ein paar Groschen war, trägt eine Mitschuld daran, dass viele Kleinanleger denken, dass Aktien nicht die richtige Anlageform sind. Warum gab es damals Probleme?

•	Der Kurs einer Aktie steigt nicht alleine deswegen, weil man sie Volksaktie nennt.

•	Auch ein sympathischer Schauspieler kann den Kurs einer Aktie nicht voraussagen.

•	Wer damals nur die Telekom-Aktie im Depot hatte, hatte das Prinzip der Risikostreuung nicht beachtet.

•	Der Kursanstieg der Aktie von umgerechnet circa 14 Euro im Jahr 1996 auf circa 103 Euro im Jahr 2000 wurde in zu vielen Fällen nicht hinterfragt. War denn der Gewinn der Telekom in diesen 4 Jahren um über 700 % gestiegen?

Hatte Ihr Bankberater Ihnen damals geraten, bei einem Kurs von 103 Euro die Telekom-Aktie zu verkaufen? Wohl eher nicht, da auch er nicht wissen konnte, dass dies der Kurshöhepunkt war und blieb.

Warum in diesem Buch auch die US-amerikanischen Aktienmärkte erwähnt werden

Dieses Buch nimmt auch oft Bezug auf die US-amerikanischen Aktienmärkte und deren Börsenindices. Bei Aktienspekulationen gibt es keinen Grund nur national zu denken. Das sieht man auch beim Onlinebanking. Da werden Ihnen nicht nur deutsche Aktien angeboten.

Zumal die Marktkapitalisierung des DAX Ende 2017 gerade mal einen Anteil von 3,2 % an der globalen Marktkapitalisierung hatte. Die Marktkapitalisierung vom DAX ist der Gesamtwert der im DAX enthaltenen Unternehmen. Dafür, dass Deutschland auch wieder im Jahr 2018 Exportweltmeister war, ist ein Anteil von 3,2 % an der globalen Marktkapitalisierung nicht viel.

Da die deutsche Wirtschaft so exportlastig ist, geht es auch darum, das Risiko zu streuen.

Es gibt ETFs, die das Fremdwährungskursrisiko absichern.

Die wenigen Zitate aus englischsprachigen Quellen wurden von mir nicht ins Deutsche übersetzt. Da bei einer Übersetzung schnell etwas an der ursprünglichen Aussagekraft verloren gehen kann.

Der Spekulant und der Zocker

Das Wort „Spekulant" leitet sich von dem lateinischen speculor ab, was frei übersetzt heißt: „Ich erspähe".

Er erspäht also Möglichkeiten, gewinnbringend Aktien zu kaufen und später zu verkaufen.

Was eine Möglichkeit ist, definiert der Spekulant selber und soweit er mit eigenen Geldern spekuliert, auf eigenes Risiko.

Um das eigene Risiko zu minimieren, schließlich wird um eine in der Zukunft liegende Entwicklung gewettet, muss der Spekulant für sich Kriterien entwickeln, wann denn für Ihn eine Möglichkeit gegeben ist.

Diese Kriterien dienen ihm dazu, **vorher** zu entscheiden, welche Aktie er kauft. Ferner wann und unter welchen Bedingungen er diese Aktie kauft.

Zu einem späteren Zeitpunkt ist zu entscheiden, unter welchen Bedingungen und wann diese Aktie verkauft werden soll.

Damit hat sich der Spekulant ein Anlagekonzept geschaffen, egal ob dieses Konzept aufgeht oder nicht aufgeht.

Hält sich der Spekulant an sein Anlagekonzept, ist er fast schon wie seelenloser Automat, der schematisch sein Anlagekonzept abarbeitet.

Kurse beobachten, Kurse notieren, Kurse vergleichen – das klingt eher nach Buchhalterei als nach einem wilden Rumgezocke.

Kein hektisches Hin und Her. Selbst wenn das Anlagekonzept mittel- und langfristig aufgeht, ist diese Tätigkeit ohne Glanz und Glamour.

Zudem gilt in einem solchen Fall, nach der Spekulation ist vor der Spekulation. Wenn der Kursgewinn nicht für irgendeine Art von Konsum ausgegeben wird.

Gerade wenn ein Gewinn mit einer Geldanlage erzielt worden ist, ist die Neigung größer, das Geld nochmal anzulegen, es also nochmal zu probieren.

Ein Spekulant ruft nicht gutgelaunt, spontan aus einer temporären Euphorie heraus bei seiner Bank an, um Aktien zu kaufen.

Ein Spekulant ruft nicht spontan aus einer Tagesdepression heraus bei seiner Bank an, um Aktien zu verkaufen.

Spontane Aktionen gibt es bei so einem Typ von Spekulant nur, wenn besondere Ereignisse bevorstehen oder stattgefunden haben wie z. B. die Ankündigung des Brexits.

Aber selbst beim Brexit hatte es sich nicht für die Meisten gelohnt, am Tag nach der Ankündigung des Brexits deutsche Aktien zu verkaufen. Der DAX stand nach einiger Zeit nämlich sogar über dem Niveau vor dem Tag der Ankündigung des Brexits.

Leute, die hektisch Wertpapiere kaufen und verkaufen, würde ich nicht als Spekulanten bezeichnen, sondern als Zocker.

Interessant in diesem Zusammenhang ist, dass die öffentliche Wahrnehmung den Zocker als smart empfindet (wie abgezockt der ist!) und den Spekulanten eher als Vertreter eines ungehemmten Kapitalismus begreift, der mit seinen Spekulationen, ohne zu arbeiten, auch noch Geld verdient.

Jeder der auf Grund eines Anlagekonzeptes Geld anlegt, ist ein Spekulant, da er auf Entwicklungen und Ereignisse in der Zukunft wettet.

Gewettet wird bei jeder Geldanlage

Ausnehmen kann man hier – wenn man will – Sparbuchkonten, Tagesgelder, Termingelder etc.

Aber ganz sauber ist dieser Ausschluss nicht, da auch bei diesen Anlagen darauf gewettet wird, dass die vereinbarten Zinsen gezahlt werden und das Geld an den Anleger zurückgezahlt werden kann.

Schließlich gab es vor einigen Jahren eine isländische Bank, die das nicht umsetzen konnte. Aber viele Anleger gefunden hatte, weil sie einen Schnaps mehr an Zinsen für eine vermeintlich sichere Geldanlage geboten hatte.

Selbst bei Ihrem Sparstrumpf gehen Sie eine Wette ein.

Sie wetten nämlich darauf, dass niemand in Ihre Wohnung einbricht und dabei Ihr Geld gestohlen wird.

Die Aufklärungsquote von Einbruchsdiebstählen liegt in Deutschland bei rund 15 %.

Doch ist diese Aufklärungsquote geschönt. Für die Polizei ist dann bereits ein Einbruch aufgeklärt, wenn sie einen Verdächtigen hat.

Es werden aber nur 2,6 % der Verdächtigen verurteilt, hat das Kriminologische Forschungsinstitut Niedersachsen ermittelt.

Ob die Verurteilten Ihnen dann Ihren Sparstrumpf zurückgeben, ist äußerst fraglich.

Die geringe Aufklärungsquote bei Einbrüchen hat auch damit zu tun, dass der Staat zu wenige Ressourcen in diese Aufklärung steckt. Bei einem weit weniger wichtigen Happening wie dem Blitzmarathon stehen genügend Leute zur Verfügung. Schließlich verdient der Staat auch beim Blitzmarathon Geld. Die Blitzgeräte der Polizei als mobiles Profit Center! Während hingegen der Staat bei der Aufklärung von Einbruchsdiebstählen kein Geld verdient.

Aber weg von dem Geldanlagekonzept der Polizei und zurück zu Ihrer Geldanlage.

Tja, wer hätte das gedacht? Im Prinzip ist jeder, der Geld anlegt und ein Anlagekonzept hat, ein Spekulant. (Ausnahmen siehe oben)

Ob es eine Spekulationsfrist von einem halben Jahr oder von einem ganzen Jahr oder ob es überhaupt keine Spekulationsfrist gibt, ist fiskalpolitisch bestimmt und damit völlig willkürlich.

Würde man die Spekulationsfrist abschaffen, würde man damit nicht die Spekulation mit Aktien beenden.

Da für mich der Begriff des Spekulanten nicht negativ behaftet ist, werden Begriffe wie Aktionär oder Anleger selten in diesem Buch verwendet. Auch diejenigen, die nach einer Haltedauer von 10 Jahren oder mehr ihre Aktien verkaufen, spekulieren auf einen möglichst hohen Verkaufspreis für Ihre Aktien.

Warum man für Aktienspekulationen nicht besonders intelligent sein muss

Nur weil man ein Anlagekonzept erstellen sollte, bedeutet das nicht, dass man für Aktienspekulationen besonders intelligent sein muss. Auch wenn Aktienspekulationen keine einfache Geldanlage sind. Die großen Brocken liegen auf der psychologischen Seite (siehe das Kapitel „Wer nicht für Aktienspekulationen geeignet ist"). Von einer einfachen Investition kann daher grundsätzlich keine Rede sein.

Der Kauf von Aktien und der Verkauf von Aktien ist immer eine Spekulation, da niemand kurzfristig die Aktienkurse vorhersagen kann. Wenn man für Aktienspekulationen besonders intelligent sein müsste, dann hätten Universitätsprofessoren, Nobelpreisträger etc. mit ihren Prognosen die größten Erfolge am Aktienmarkt und wären die reichsten Menschen. Und das mit nur ein paar Klicks. Dem ist aber nicht so. Weil nämlich Geduld und die Fähigkeit, eine Zeitlang Verluste zu ertragen, wichtig sind. Beide Charaktereigenschaften haben nichts mit überdurchschnittlicher Intelligenz zu tun.

Warren Buffet – den ich allerdings für überdurchschnittlich intelligent halte – hat einmal gesagt, dass er das meiste Geld damit verdient hat, indem er auf seinem Arsch gesessen ist.

Niemand kann die kurzfristige Entwicklung von Aktienkursen vorhersagen

Niemand kann vorhersagen, wie sich Aktienkurse kurzfristig entwickeln. War die kurzfristige Vorhersage trotzdem richtig, dann hat er einfach Glück gehabt.

Niemand bedeutet keiner! Sie nicht, Ihr bester Freund nicht, Ihr Anlageberater/Bankberater nicht, die Insider nicht, und auch all die anderen nicht, die Tipps und Empfehlungen für Kauf oder Verkauf von Wertpapieren abgeben.

Da auch ich nicht voraussagen kann, wie sich die Börsenkurse entwickeln, ist für mich klar, dass ich Freunden und Bekannten keine Kauf- und Verkaufsempfehlungen gebe. Das ist natürlich ein großer Verzicht für mein Ego. Denn so schließe ich aus, dass ich mir in diesem Umfeld einen Ruf als Börsenexperte aufbaue.

Das wäre im Übrigen gar nicht so schwierig. Denn ich erzähle immer nur von den Aktien, bei denen ich Kursgewinne zu verzeichnen habe.

Die Aktien, deren aktuelle Kurse unter dem Kaufkurs liegen, verschweige ich geflissentlich.

Stellen Sie sich nur mal vor, Freunde oder Bekannte verlieren wegen meiner Empfehlung Geld.

Beispiel:

„Meine" Aktie ist um 25 % gestiegen. Das ist wirklich eine Menge. Daher möchte ich diese Aktie weiterempfehlen. Bloß leider gibt es keine Garantie, dass der Kurs der Aktie weiter steigt. Zumal ich konsequenterweise auch eine Empfehlung abgeben müsste, zu welchem Kurs diese Aktie verkauft werden müsste. Denn nach dem Kauf ist vor dem Verkauf. Sie wollen diese Aktie ja nicht ins Grab mitnehmen.

Quer durch alle Medien gibt es jeden Tag, jede Woche zahlreiche Aktienempfehlungen. So viele Aktien, deren Kurs überdurchschnittlich steigt, gibt es nicht.

Beispiel:

Wenn der Kurs von 72 % der Aktien überdurchschnittlich steigen soll, was ist denn dann die durchschnittliche Kurssteigerung? In die Berechnung der durchschnittlichen Kurssteigerung müsste man diese 72 % miteinbeziehen. Dann gäbe es aber nur noch maximal 49,9 % Aktien, deren Kurs überdurchschnittlich steigt.

Hinzu kommt noch, dass es bei so gut wie bei jeder Aktie Analysten gibt, die dafür plädieren, dass die Aktie statt gekauft, gehalten oder verkauft werden soll.

Zu fast jeder Kaufempfehlung für eine Aktie, finden Sie von anderen Experten geäußerte, abweichende Meinungen zum zukünftigen Kursverlauf dieser Aktie.

Ein weiterer Beleg, dass niemand voraussagen kann, wie sich die Kurse kurzfristig entwickeln. Wenn sich noch nicht mal die Experten einig sind…

Der Indexfonds-Pionier John Bogle soll sinngemäß Folgendes gesagt haben:

Es wäre super, Aktien bei einem Kurshoch zu verkaufen, und bei einem Tiefpunkt des Aktienkurses Aktien zu kaufen. Ich habe in 55 Jahren Berufsausübung niemand kennengelernt, der das hinbekommt. Ich kenne auch niemand, der einen kennt, der das kann.

Wer an Wahrsager und Hellseher glaubt, hat sich sicher mit diesem Kapitel schwergetan. Diejenigen, die doch auf Dauer kurzfristige Kursentwicklungen vorhersagen können, müssten so steinreich sein, dass sie nicht mehr als Wahrsager und Hellseher arbeiten müssen.

Wer eine erfolgreiche Aktienspekulation abgeschlossen hat, sollte nicht nur im Erfolg baden. Bitte versuchen Sie immer, herauszufinden, ob und wie viel Glück damit verbunden war, dass Sie eine Aktie mit Gewinn verkauft haben. Die Umstände, die das Glück herbeigeführt haben, wiederholen sich in der Regel nicht.

Die Bedeutung von Anlegerprofilen

Die meisten kaufen keine Aktien, weil Ihnen Aktien als Geldanlage zu unsicher sind. Oder flüchten bestenfalls zu einem Anlageberater, weil Sie denken, dass er sich bei Aktien besser auskennt. Dabei muss jeder Anlageberater oder jeder Bankberater in die Zukunft schauen können. Im Prinzip werden damit von diesen Experten hellseherische Fähigkeiten verlangt.

Die Erstellung von Risikoprofilen der Anleger sagt nichts darüber aus, ob in der Zukunft die Aktienkurse steigen oder sinken werden. Je risikofreudiger Sie sich im Anlegerprofil geben, umso besser für die Bank. Kursverluste können mit Ihrer Risikobereitschaft in Verbindung gebracht werden. Wer bereit ist, ein hohes Risiko einzugehen, darf anschließend nicht jammern, wenn das Risiko sich realisiert hat. Sie können dann erst recht nicht, die Bank für Kursverluste verantwortlich machen.

Sie übernehmen das Risiko per Anlegerprofil. Die Bank ist ggf. nur noch ein ausführendes Organ für Ihre Aktienkäufe und Aktienverkäufe. Das ist auch in Ordnung so. Denn der Anlageberater oder der Bankberater könnte das Risiko nur dann übernehmen, wenn er hellseherische Fähigkeiten hätte. Die hat er aber nicht. Die Bank würde das Risiko bei der Aktienanlage übernehmen – wenn unabhängig von der Entwicklung der Aktienkurse - die Bank Ihnen jedes Jahr z. B. 6 % Wertzuwachs ohne Dividenden und ohne zusätzliche Gebühren für Ihr Aktiendepot garantiert.

Da Sie mit oder ohne Einschaltung eines Anlageberaters/Bankberaters das Risiko von Aktienspekulationen tragen, geht es in allen Fällen darum, dass Sie die vorhandenen Unsicherheiten bei Aktienspekulationen in den Griff bekommen. Jemand, der kein Risiko übernimmt und auch bei Kursverlusten Geld an Ihnen verdient, ist nicht dafür prädestiniert mit tröstenden Worten auf Sie zuzukommen. Anlageberater und Pfarrer gleichzeitig geht nicht.

Gewinn- oder Umsatzwarnungen von Unternehmen

Im ersten Halbjahr 2019 gab es 54 Gewinn- oder Umsatzwarnungen von bedeutenden, deutschen Unternehmen. So viele wie seit der Rezession im Jahr 2009 nicht mehr. Es ist daher sicher kein Zufall, dass das deutsche Bruttoinlandsprodukt im zweiten Quartal 2019 um 0,1 % geschrumpft ist.

Nur leider sagt das nichts über die Entwicklung des Aktienkurses nach der Veröffentlichung der Gewinn- oder Umsatzwarnung des Unternehmens aus. War die Warnung in diesem Umfang von den Spekulanten erwartet worden, hatte der Aktienkurs kaum reagiert. Bei Continental und Daimler stiegen die Aktienkurse sogar nach der Warnung. Die Aktienkurse gaben am Tag der Warnung durchschnittlich um circa 5 % nach. Bei z. B. BASF war der Kursverlust nicht nachhaltig. Der Aktienkurs konnte sich relativ schnell erholen. Es kommt also sehr stark darauf an, was die Mehrzahl der Spekulanten als Unternehmensprognose erwartet hatte. Da das aber nicht voraussagbar ist, kann selbst auf der Basis von Gewinn- oder Umsatzwarnungen die kurzfristige Entwicklung von Aktienkursen nicht vorhergesehen werden.

Anleger sollten jetzt Gewinne mitnehmen

Warum gerade „jetzt"? Sie stellen sich doch diese Frage, wenn Sie diesen Spruch lesen?

Objektiv betrachtet kann es nur 2 Gründe geben, warum zu einem bestimmten Zeitpunkt (oder kurzfristig) Gewinne mitgenommen werden sollen.

Der erste Grund kann sein:

Sie brauchen das Geld, dass Sie in Aktien investiert haben, dringend für andere Zwecke. Dann haben Sie das Glück, dass „jetzt" Ihr Aktiendepot im Durchschnitt Kursgewinne ausweist.

Da aber derjenige der das schreibt, in der Regel nicht weiß, dass Sie Ihr in Aktien investiertes Geld dringend für andere Zwecke benötigen, können Sie mit dieser Aufforderung nicht persönlich gemeint sein.

Der zweite mögliche Grund könnte sein, dass derjenige der das schreibt, weiß, dass demnächst die Aktienkurse sinken. Es heißt schließlich „Anleger sollen Gewinne mitnehmen". Das ist Plural! Ich hoffe , dass mir das nicht als Wortfickerei ausgelegt wird. Aber es besteht nun mal ein signifikanter Unterschied zwischen dem „Gewinn bei einer Aktie mitnehmen" und „Gewinne mitnehmen".

Da aber niemand voraussagen kann, wie sich die Aktienkurse kurzfristig entwickeln, kommt diese Möglichkeit auch nicht in Betracht. Wie in diesem Buch noch aufgezeigt wird, lassen sich noch nicht mal Rezessionen voraussagen (siehe Kapitel „Lassen sich Rezessionen anhand von Konjunkturindikatoren vorhersagen?").

Sollten Sie zu dieser verschwindend kleinen Minderheit gehören, die über Jahre hinweg, mit Glück immer den richtigen Verkaufszeitpunkt gefunden hat, benötigen Sie einen solchen Zuruf nicht. Falls Sie davon ausgehen, dass das Glück Ihnen treu bleibt.

Verluste begrenzen, Gewinne laufen lassen

Haben Sie diesen Spruch schon mal gelesen?

Gewinne laufen lassen

Ja, wohin laufen denn die Gewinne?

Da niemand voraussagen kann, wie sich die Aktienkurse kurzfristig entwickeln, ist unklar, wohin die Gewinne laufen.

Langfristig betrachtet (siehe Kapitel „Die wichtigsten und bekanntesten Börsenindices steigen auf Dauer immer") steigen die Kurse von Börsenindices wie dem DAX, dem Dow Jones, dem S&P 500 und anderen Indices.

Ich beziehe mich hier auf Börsenindices, da mit „Gewinne" nur eine Gruppe von mindestens 2 verschiedenen Aktien gemeint sein kann.

<u>Verluste begrenzen</u>

Ja, wie viel Verlust ist prozentual oder absolut betrachtet, denn noch zulässig? Ab wie viel Verlust soll man denn begrenzen?

Wenn das jeder für sich entscheiden soll und muss – darauf läuft es ja hinaus – dann ist diese Empfehlung überflüssig. Schließlich will grundsätzlich jeder seine Verluste begrenzen.

Handelt es sich um einen langfristig denkenden Spekulanten, dem klar ist, dass temporär auftretende Verluste bei Aktienspekulationen zum täglichen Brot gehören, läuft diese Empfehlung insoweit ins Leere.

Da langfristig betrachtet (siehe Kapitel „Die wichtigsten und bekanntesten Börsenindices steigen auf Dauer immer") die Kurse von Börsenindices wie dem DAX, dem Dow Jones, dem S&P 500 etc. steigen, stellt sich die Frage, warum bei einem ETF auf einen Börsenindex die Verluste begrenzt werden sollen? Bejaht man diese Frage mit „Ja", stellt sich auch dann die Frage, wann und wie die Verluste begrenzt werden sollen.

Wer Verluste begrenzen will, verkauft seine Aktien oder arbeitet mit Stop-Loss-Ordern (siehe Kapitel „Die Stop-Loss-Order").

Natürlich sollte man den Verlust bei einer einzelnen Aktie so schnell wie möglich begrenzen, wenn das Unternehmen heruntergewirtschaftet worden ist. Die Empfehlung „einen Verlust zu begrenzen" ergibt bei Aktiendepots einen Sinn, in denen jahrelang Leichen schlummern. Als Letztes stirbt die Hoffnung. Das weiß man aber auch erst im Nachhinein, dass eine Aktie zur Leiche mutiert.

Wenn ein Unternehmen heruntergewirtschaftet worden ist, ergeben sich aus der Wirtschaftspresse oder dem Internet konkrete Anhaltspunkte. In der Regel fängt dieser Prozess an mit Gewinnwarnungen. Insbesondere eine branchenbezogene Betrachtung ist dann sinnvoll.

Beispiel:

Ist dieses Unternehmen das einzige Unternehmen in seiner Branche, das eine Gewinnwarnung herausgibt? Oder sogar schon die zweite Gewinnwarnung vermeldet?

Wenn der Kurs einer Aktie um 20 % gefallen ist, reicht übrigens anschließend ein Kursanstieg um 20 % nicht aus, damit der Kurs der Aktie wieder das alte Niveau erreicht. In so einem Fall muss der Kurs anschließend um 25 % steigen (siehe auch das Kapitel „Kursanstieg in % muss größer sein als Kursrückgang in %", dort mit weiteren Beispielen).

Außerdem wird mit dieser Aufforderung suggeriert, dass die Verluste demnächst anwachsen.Da niemand voraussagen kann, wie sich die Aktienkurse kurzfristig entwickeln, ist unklar, ob die Verluste sich kurzfristig vergrößern.

Nicht in ein fallendes Messer greifen

Haben Sie diesen Spruch schon mal gelesen? Auf jeden Fall wird er so oft verwendet, dass er Eingang in dieses Buch gefunden hat.

Was ist der Unterschied zwischen einem fallenden Messer und fallenden Aktienkursen?

Bei einem fallenden Messer ist der Boden sichtbar bei dem der Fall des Messers beendet wird.

Bei fallenden Aktienkursen ist aber kein Boden sichtbar. Da niemand vorhersagen kann, wie sich die Aktienkurse kurzfristig entwickeln. Daher weiß niemand, ob die Aktienkurse weiterfallen. Fallen die Aktienkurse tatsächlich weiter, ist zudem unklar, wie tief sie noch fallen.

Also ein Spruch, der einem nicht weiterhilft.

Keine Aktie bei einem Allzeithoch kaufen

Ich kann mich nicht erinnern, dass jemand das so geschrieben hat. Aber viele Spekulanten denken so.

Steht man auf einem Berggipfel, kann es in der Tat nur noch bergab gehen. Zumindest aus Sicht des Kaufenden rennt man dem Kurs hinterher. Hätte man bloß diese Aktie früher gekauft!

Eine amerikanische Studie aus dem Jahr 2019 den S&P 500 betreffend, kam zu dem Ergebnis, dass im Schnitt seit 1950 in den folgenden 6 Monaten solche Aktien im Schnitt um 4,9 % fallen. Nur in 11 % aller Fälle ist der Kursverlust in den 6 Monaten nach dem Allzeithoch größer als 5 %. 11 % sind nicht viel, da es in 18 % der Fälle ohne Allzeithoch in den nächsten 6 Monaten einen Kursrückgang von mehr als 5 % geben kann.

Steigen die Börsenkurse generell, gibt es mehr Allzeithochs hintereinander. Die Flut hebt alle Boote. Dann ist es einem weniger mulmig dabei, wenn man eine Aktie bei einem Allzeithoch kauft.

Ken Fisher schlägt vor, nach einem erreichten Allzeithoch beim S&P 500 erstmal 3 Monate abzuwarten, ob sich ein neues Allzeithoch ergibt. Erst wenn es innerhalb der nächsten 3 Monate kein neues Allzeithoch gibt, sollte man erst dann darüber nachdenken, ob man seine Aktien verkauft.

3 Monate Geduld bringen bestimmt die meisten Spekulanten auf. Doch enthält diese 3-Monats-Regel keinen Hinweis darauf, wann man nach dem

Verkauf der Aktien wieder in den Aktienmarkt einsteigen soll. Eine Regel mit einer Ausgangstür, aber ohne eine Eingangstür.

Das Wertvolle an dieser 3-Monats-Regel ist für mich, dass sie impliziert, dass ein Allzeithoch nach dem anderen nichts Ungewöhnliches ist. Wenn es läuft, dann läuft es. Wer bei einem Allzeithoch eine Aktie kauft, kann also das Glück haben, dass noch weitere Allzeithochs kommen.

Bei Aktien wie den FAANG-Aktien (siehe Kapitel „Die FAANG-Aktien") gab es viele Allzeithochs. Da müsste man mal überprüfen, wie viel Kursgewinn sich ergeben hätte, wenn man die 3-Monats-Regel angewandt hätte. Da es zudem das Problem gab und gibt, den richtigen Zeitpunkt für den Wiedereinstieg zu finden, bin ich mir sicher, dass der Kursgewinn langfristig betrachtet am größten ist, wenn man bis heute nicht die FAANG-Aktien verkauft hat. Also nicht jedes Mal verkauft hat, wenn es nach 3 Monaten kein neues Allzeithoch gab.

Charttechnischer Ausblick: Widerstandsmarken und Unterstützungsmarken

Kennen Sie solche oder ähnliche Voraussagen?

Nächste Unterstützungen:

•*10.994*

•*10.928*

•*10.788-10.812*

Nächste Widerstände:

•*11.083-11.101*

•*11.176-11.207*

• 11.238

Damit soll zum Ausdruck gebracht werden, dass wenn der DAX z. B bei einem Stand von 11019 Punkten fällt, er bei 10.994 Punkten, bei 10.928 Punkten etc. einen Boden findet.

Steigt der DAX dagegen z. B bei einem Stand von 11019 Punkten, stößt sein Anstieg in einem Bereich von 11.083-11.101 Punkten auf einen Widerstand. Das bedeutet, hier geht es erstmal mit dem Anstieg nicht weiter.

Meine Erfahrungen mit solch charttechnischer Ausblicken sind so schlecht, dass diese ignoriere. Diese charttechnischen Ausblicke verstärken mein Urteil, dass niemand die kurzfristige Entwicklung von Aktienkursen vorhersagen kann.

Beispiel:

Nächste Unterstützungen:

- *11.632-11.647*

- *11.527-11.560*

- *11.470/11.477*

Diese 3 Unterstützungsmarken waren ohne Bedeutung, als der DAX innerhalb von 2 Tagen (14.8.2019/15.8.2019) von 11813 Punkten auf 11.412 Punkte fiel.

Es bleibt Ihnen aber natürlich überlassen, hier Ihre eigenen Erfahrungen zu sammeln. Diese charttechnischen Ausblicke sind fast täglich im Internet zu finden, so dass der Aufwand für Verprobungen für Sie gering wäre.

Fundamentalanalysten werten im Prinzip alles aus, was an Daten zur Verfügung steht. Gesamtwirtschaftliche Daten, Bilanzkennzahlen, Konjunkturindikatoren (siehe unten) etc. Aus diesen Datenfriedhöfen entstehen dann die Prognosen der Fundamentalanalysten.

Charttechniker kümmern sich nicht um Daten von Unternehmen und auch nicht um volkswirtschaftliche Daten. Da sie davon ausgehen, dass alle diese Daten bereits in den Kursen berücksichtigt sind. Ferner sind für die Kurse hauptsächlich die Anleger verantwortlich und nicht die Unternehmen. Man liest ja es des Öfteren, dass Unternehmen sich darüber beklagen, dass der Aktienkurs nicht den wahren Wert des Unternehmens widerspiegelt. Heißt: Dem Unternehmen ist der Kurs seiner Aktie zu niedrig. Ich kann mich nicht erinnern, jemals gelesen zu haben, dass ein Unternehmen sich darüber beschwert hat, dass der Kurs seiner Aktien zu hoch ist. Dass kann man auch nicht erwarten, da viele Vorstände Pakete von Aktienoptionen haben oder direkt Aktien des Unternehmens besitzen.

Aber kommen wir zurück zu den Charttechnikern. Diese laufen nicht orientierungslos durch den Aktienmarkt, sondern orientieren sich an Kursverläufen, gleitenden Durchschnitten etc. Sie suchen in den Kursen nach Mustern, aus denen sie dann ihre Prognosen ableiten. Denn Sie erwarten, dass sich bestimmte Muster der Kursverläufe in der Zukunft wiederholen.

Auch Fundamentalanalysten und Charttechniker können nicht kurzfristig die Kurse vorhersagen. Aber wer von beiden Gruppen liefert die besseren Prognosen?

Charttechniker geben ziemlich genau an, wo bei fallenden Kursen die Unterstützungslinien sind, bei der Kursverfall gebremst oder gar beendet wird. Zudem weisen Sie ebenfalls genau darauf hin, wo die

Widerstandslinien liegen, die die Kurse daran hindern, noch weiter nach oben auszubrechen.

Unterstützungslinien und Widerstandslinien werden dabei in DAX-Punkten oder in engen Bereichen von DAX-Punkten angegeben. Das ist für das Publikum leichter zu verstehen und leichter zu kontrollieren als ausgefeilte Bilanzanalysen von Fundamentalanalysten.

Je mehr Anleger dem Charttechniker glauben, dass hier tatsächlich eine Unterstützungslinie ist und dort tatsächlich eine Widerstandslinie ist, umso eher trifft die Prognose des Charttechnikers zu. Denn der Glaube der Anleger steht nicht im luftleeren Raum, sondern kann durch Käufe, Verkäufe und dem Setzen von Stop-Loss-Kursen seinen konkreten Bezug zur Realität haben.

Der Charttechniker erhöht also mit seiner Fangemeinde zu einem gewissen Grad seine Prognosesicherheit.

Doch wenn man mal von diesem Vorteil der Charttechniker absieht. Wer liefert die besseren Prognosen.

Das Handelsblatt vom 23. Januar 2019 kommt auf den Seiten 30 und 31 zu klaren Ergebnissen:

Die Charttechniker:

„Brutalste Warnsignale" lautete am 18. Januar 2018 die Schlagzeile in der Geldanlage dieser Zeitung. Sie bezog sich auf die Kernaussage vier technischer Analysten, die das Handelsblatt zum Dax für das Jahr 2018 befragt hatte. Der Tenor lautete: Der Dax steigt noch kurz weiter, „doch dann drohen schwere Rückschläge".

Die vier Experten behielten recht, genauso wie im Jahr davor, als sie einen prozentual zweistelligen Sprung auf über 13 000 Punkte vorhergesagt hatten. Mehr noch: 25 Prozent legte der Dax 2013 zu - und dieselben vier

Charttechniker sagten daraufhin im Handelsblatt ein gutes Aktienjahr 2014 vorher. Sie behielten erneut Recht. Genauso wie 2015, als die Experten den Sprung auf über 11000 Punkte prognostizierten - und auch 2016 mit ihrem Pessimismus, als sie einen kräftigen Rückfall ankündigten.

Die falschen Prognosen der Fundamentalanalysten für das Jahr 2018

Das Handelsblatt vom 21. Januar 2019 Seite 29:

In freudiger Unbekümmertheit sahen die vom Handelsblatt Ende 2017 befragten Analysten und Volkswirte für den Deutschen Aktienindex einen neuen Rekordstand von 14 009 Punkten für das Ende des Jahres voraus. Damit hätten sie falscher kaum liegen können: Der Dax beendete das Jahr 2018 mit hohen Kursverlusten bei 10 559 Punkten. Die Experten hatten sich um schlappe 27 Prozent verschätzt.

Dagegen haben die Fehlprognosen der Fundamentalanalysten Methode. Seit dem Jahr 2000 lagen die Experten laut dem Vermögensverwalter StarCapital mit ihren stets positiven Vorhersagen im Mittel um 18 Prozent daneben. Größere Korrekturen wurden nie vorhergesehen. Selbst im Finanzkrisenjahr 2008 gingen sie von leichten Zuwächsen aus. Stattdessen gab es einen Kursabsturz von 40 Prozent.

Falls mit solchen optimistischen Prognosen Leute dazu gebracht werden sollen, Aktien zu kaufen, dürfte mit solchen falschen Prognosen zumindest mittelfristig eher das Gegenteil davon erreicht werden.

Unterschiedliche Prognosen für das Jahr 2019

Die Prognose von Charttechniker 1:

Er erwartet „*einen sehr, sehr ausgedehnten Bärenmarkt, der sich bis in das Jahr 2021 hinziehen dürfte. Erstes Ziel für das laufende Jahr sind für ihn 9100*

Punkte. Auf dieses Niveau werde der Dax vermutlich schon im März fallen. „Dann kommt der ideale Zeitpunkt zum kurzzeitigen Einstieg. Er rechnet mit einer mehrmonatigen Rally, in der der Dax um zehn bis 20 Prozent steigen dürfte, ehe es anschließend wieder rasant abwärts gehe mit noch niedrigeren Tiefkursen."

Die Prognose von Charttechniker 2:

„Die Korrektur ist noch nicht abgearbeitet" Er sieht den Dax in der zweiten Jahreshälfte in Richtung 10000 Punkte fallen und kurzzeitig sogar auf 9800. Dieses Kursziel und auch sein Szenario einer zwischenzeitlichen Erholung in den kommenden Tagen und Wochen bis in den Bereich von 11300 Zählern, maximal sogar 11800, leitet Charttechniker 2 aus der vorangegangenen ausgeprägten Gipfel- und Topbildung ab.

Negativ ist für ihn die stetig fallende 200-Tage-Linie - das ist der Kursdurchschnitt aus den vergangenen 200 Handelstagen. Viele Anleger orientieren sich an dieser simplen Linie. Notieren die Kurse darunter und fällt diese Linie, ergibt sich daraus ein doppelt negatives Signal - was kaum zum Einstieg reizt.

Die Prognose von Charttechniker 3:

Die nächste Unterstützung für den DAX, und das Kursziel für das laufende Jahr, sieht Charttechniker 3 bei knapp 9400 Punkten: hier verlaufen markante Tiefpunkte aus den Jahren 2015 und 2016, an denen der DAX schon oft einen Halt gefunden hat und Anleger zum Einstieg lockte.

Stand 11. September 2019 Schlusskurs DAX: 11.341 Punkte

Ich „warte" immer noch darauf, dass der DAX - wie von den Charttechnikern prognostiziert - auf 9.100 Punkte oder 9.400 Punkte oder auf 9.800 Punkte fällt.

Der DAX ist also von 9800/9400/9100 Punkten noch weit entfernt, obwohl es in den USA eine inverse Zinskurve gibt und in Deutschland das Bruttoinlandsprodukt im zweiten Quartal um 0,1 % geschrumpft ist. Keines der beiden Ereignisse wurde von einem der 3 Charttechniker vorausgesehen.

Wer will, kann hier zu Gunsten der Charttechniker einwenden, dass Charttechniker nur Kursverläufe voraussagen, aber keine Ereignisse bzw. Nachrichten.

Die Fundamentalanalysten:

Auffällig ist, dass Fundamentalanalysten fast immer steigende Kurse vorhersagen - sogar nach Ausbruch der Finanzkrise Anfang 2008. Zur Jahreswende 2017/18 prognostizierten 32 vom Handelsblatt befragte Analysten im Schnitt ein Plus von 7,5 Prozent und ein Dax-Niveau von 14009 Punkten. Tatsächlich wurden es minus 18 Prozent und nur gut 10 550 Zähler. Für 2019 sagten kürzlich 30 Fundamentalanalysten einen Anstieg von durchschnittlich 14 Prozent voraus. Nur eine dieser 30 Banken, die Société Générale, rechnet mit sinkenden Kursen. Ein erstaunlicher Optimismus.

Dass Jahr 2019 ist noch nicht beendet. Die Prognosen der Fundamentalanalysten und Charttechnikern liegen so weit auseinander, dass man nach Ablauf des Jahres 2019 ohne Mühe beurteilen wird können, welche Prognosen zutreffender sind.

Wie Nachrichten unmittelbar Aktienkurse beeinflussen können

Im Folgenden werden einige Beispiele aufgelistet, wie Nachrichten unmittelbar Aktienkurse beeinflussen können. Dies gilt sowohl für negative als auch für positive Nachrichten.

Nachrichten, die nicht erwartet worden sind, können nicht vorhergesagt werden.

Von Nachrichten sind Meinungen zu unterscheiden. Insbesondere bei Meinungen besteht die Gefahr, dass man in der allgemeinen Informationsflut nur noch Meinungen zur Kenntnis nimmt, die einem gefallen. Ohne es zu merken, ist man schnell in einer Meinungsblase gefangen.

Wobei Nachrichten und Meinungen oft zusammen auf engsten Raum zu finden sind. Z. B. indem Nachrichten bewertet und/oder interpretiert werden. Die folgenden Beispiele zeigen teilweise, dass es in der Regel nicht darauf ankommt, ob die Nachricht wahr oder falsch ist. Entscheidend ist, dass die Spekulanten, die Nachricht glauben.

Beispiel:

Trump erzählte am 16. August 2019, dass der Handelskrieg mit China nur von kurzer Dauer sein wird.

Die Aktienkurse in den USA erholten sich daraufhin. Weil viele Spekulanten das geglaubt hatten, dass der Handelskrieg mit China nur von kurzer Dauer sein wird.

Dabei sagt einem schon der gesunde Menschenverstand, dass der Handelskrieg mit China nicht von kurzer Dauer sein wird. Wenn schon ein im Vergleich zu China kleines Land wie Kanada sich von Trump nicht herumschubsen lassen will, dann möchte das viel größere China sich von Trump erst recht nicht herumschubsen lassen.

So war es dann auch: Am 23. August 2019, rund eine Woche später, erklärte China Vergeltungszölle, für die ab dem 1. September 2019 beginnenden US-Zölle auf Importe aus China.

Tagesverlust vom Dow Jones am 23. August 2019: 2,37 %.

Ist Ihnen schon mal aufgefallen, dass negative Nachrichten (z. B. Zollerhöhungen) am Freitag erst nach Börsenschluss verbreitet werden? Dies geschieht in der Hoffnung, dass die Gemüter der Spekulanten sich bis zum nächsten Handelstag am Montag beruhigt haben werden. So dass am Montag die Aktienkurse dann hoffentlich weniger stark sinken werden, als wenn die negative Nachricht am Freitag, inmitten des Handelstages, bekannt gemacht worden wäre.

Ein Konzert schlechter Nachrichten

Es gibt viele Beispiele für den Einfluss von negativen Nachrichten auf Aktienkurse. Ich habe dieses Beispiel in der Hoffnung ausgewählt, dass es besonders aussagekräftig ist.

Beispiel:

16.07.2019

Der Indikator des Zentrums für Europäische Wirtschaftsforschung (ZEW) sinkt zum dritten Mal in Folge.

Erklärungen zum ZEW-Index finden Sie in dem Kapitel „Der ZEW-Index".

25.07.2019

Der ifo Geschäftsklimaindex, auch ifo Index genannt, fällt auf den niedrigsten Stand seit April 2013. Es war der vierte Rückgang des wichtigsten deutschen Konjunkturbarometers in Folge.

Erklärungen zum Ifo-Index finden Sie in dem Kapitel „Der Ifo-Index".

30.7.2019

Das Konsumklima sinkt in Deutschland zum dritten Mal in Folge.

Am 30.7.2019 lag der DAX um 10 Uhr 30 bei circa 12304 Punkten. Dieser Cocktail von schlechten Nachrichten ergab dann für den DAX am 30.7.2019 einen Kurverlust von immerhin 2,18 %.

1.8.2019

Trump verkündet, dass beginnend am 1. September auf weitere 300 Milliarden Dollar an Waren und Produkten, die aus China in die USA importiert werden, ein Zoll von 10 Prozent erhoben wird.

Um 11 Uhr am 2. August 2019 stand der DAX bei circa 11.922 Punkten.

Am 2. August 2019 betrug der Tagesverlust beim DAX 3,11 %.

Das sind ungewöhnlich viele schlechte Nachrichten für so eine kurze Zeitspanne. Natürlich gibt es ETFs, mit deren Hilfe man auf einen fallenden DAX wetten kann.

Bloß wer hatte mit diesen 4 schlechten Nachrichten in diesem Zeitraum gerechnet? Niemand!

Daher ist dieses Beispiel ein weiterer Beleg für mich, dass niemand die kurzfristige Entwicklung von Aktienkursen vorhersagen kann.

Bei jeder schlechten Nachricht, die zu Kursverlusten führt, stellt sich die Frage, wie nachhaltig dieser Kursverlust ist. Die Spekulanten könnten z. B. nach 1 oder 2 Handelstagen zu der Meinung gelangen, dass die o. g. Kursverluste völlig übertrieben sind. Die o. g. Nachrichten sind deren Meinung nach nicht so schlecht, dass solche Kursverluste nachhaltig gerechtfertigt sind.

Zu den schlechten Nachrichten gehören natürlich auch die Bekanntgabe von Herabstufung der Kreditwürdigkeit von Unternehmen durch Ratingagenturen.

Wenn die Ratingagentur Standards & Poor's die Ratingnote bzw. die Bonitätsnote für ein Unternehmen auf „CCC+" senkt, ist das bedenklich. Da jedes dritte Unternehmen mit einer solchen Bonitätsnote innerhalb der nächsten 12 Monate Insolvenz anmeldet.

Die Bonitätsnote „CCC+" entspricht bei Ratingagentur Moody's der Bonitätsnote „Caa1" und bei der Ratingagentur der Bonitätsnote „Fitch „CCC". Dies sind die 3 größten Ratingagenturen der Welt.

Zusammen haben diese 3 Ratingagenturen einen Weltmarktanteil von circa 90 %. Das bedeutet, Sie vergeben ungefähr 90 % aller Ratings weltweit.

Leider habe ich keine Studie gefunden, die untersucht hat, um wie viel Prozent der Aktienkurs im Durchschnitt sinkt, wenn die Kreditwürdigkeit eines Unternehmens auf eine Bonitätsnote wie „CCC+" gesenkt wird. Aber ich kann ein Beispiel anbieten.

Beispiel:

Der Aktienkurs von Thomas Cook verlor jedenfalls im Rahmen dieser Herabstufung immerhin 6,3 %, nachdem der Aktienkurs zuvor schon um 90 % gesunken war.

Eine Bonitätsnote für Börsenindices gibt es nicht. Da ein Börsenindex kein Schuldner ist. Daher kann ein Börsenindex nicht durch eine Ratingagentur herabgestuft werden.

Natürlich können auch positive Nachrichten die Aktienkurse beeinflussen.

Beispiel:

Am 1. August 2019 verkündete Trump, dass beginnend am 1. September auf weitere 300 Milliarden Dollar an Waren und Produkten, die aus China in die USA importiert werden, ein Zoll von 10 Prozent erhoben wird.

Am 13. August 2019 kam völlig überraschend die Nachricht, dass die o. g. Strafzölle für Laptops, Handys, Spielzeug etc. auf den 15. Dezember 2019 verschoben werden. Ferner wurde darauf verwiesen, dass die USA und China wegen des Handelskrieges in 2 Wochen (nochmal) miteinander telefonieren werden.

Daraufhin legte der Dow Jones am 13. August 2019 in der Spitze um 1,6 % zu. Der DAX kehrte von circa 11.541 Punkten auf circa 11.827 Punkte um.

Dabei war nicht klar, wie viele Milliarden Dollar an Waren und Produkten von der Verschiebung der Strafzölle betroffen waren. 15 % der Waren von 300 Milliarden Dollar oder 27 % der Waren von 300 Milliarden Dollar? Oder irgendeine andere Prozentzahl?

Ich weiß nicht, wie es Ihnen geht, aber dass man mal in 2 Wochen miteinander telefoniert, ist für mich kein Kaufgrund.

Wenn die Kurse wieder sinken und Trump behaupten würde, dass Xi Jinping sein bester Freund sei und dass man sehr nett miteinander telefoniert habe, wäre wahrscheinlich ein Kursanstieg von mindestens 1,5 % an einem Tag beim Dow Jones drin.

Nachrichten ein einzelnes Unternehmen betreffend, können leichter für Spekulanten zu verarbeiten sein.

Beispiel:

Ein börsennotiertes Unternehmen verdoppelt ohne Sondereffekte seinen Gewinn und gibt für die Zukunft einen positiven Ausblick.

Je kleiner die Anzahl der Spekulanten ist, die mit dieser Gewinnverdoppelung gerechnet haben, umso größer dürfte der Kursanstieg der Aktie dieses Unternehmens sein.

Die Nachhaltigkeit von positiven Nachrichten

Bei jeder positiven Nachricht, die zu Kursgewinnen führt, stellt sich die Frage, wie nachhaltig diese Kursgewinne ist. Die Spekulanten könnten z. B. nach 1 oder 2 Handelstagen zu der Meinung gelangen, dass die Kursgewinne völlig übertrieben sind. Die Nachricht ist nicht so gut, dass die Kursgewinne gerechtfertigt sind.

Als Beispiel für fehlende Nachhaltigkeit bei positiven Nachrichten nehme ich die teilweise Verschiebung von US-Strafzöllen für chinesische Importe, die am 13. August 2019 angekündigt worden war (siehe oben).

Börsenindex	Datum	Kursreaktion	Tagesschlusskurs in Punkten
DAX	12.8.2019	Tag vor der Nachricht	11.679
DAX	13.8.2019	Intraday-Kurserholung	11.750
DAX	14.8.2019	Kursrückgang	11.492*
Dow Jones	12.8.2019	Tag vor der Nachricht	25.907
Dow Jones	13.8.2019	Kurserholung	26.279
Dow Jones	14.8.2019	Kursrückgang	25.479**

Tabelle 1 Kurzfristige Reaktionen auf eine positive Nachricht

* Nachricht am 14. August 2019: Das deutsche Bruttoinlandsprodukt (BIP) ist im zweiten Quartal um 0,1 % gesunken.

** Nachricht am 14. August 2019: Zinskurve in den USA ist invers.

(siehe Kapitel „Die inverse Zinskurve als Konjunkturindikator")

Die Nachricht, dass das deutsche Bruttoinlandsprodukt (BIP) im zweiten Quartal um 0,1 % gesunken kam aber nicht völlig überraschend, da die meisten Experten die Entwicklung des deutschen Bruttoinlandsprodukts in einem Korridor von plus 0,1 bis minus 0,1 % prognostiziert hatten.

Da bei der Messung des BIP einige Ungenauigkeiten enthalten sind, kann es sein, dass so ein geringer Wert wie minus 0,1 % durch Messfehler überkompensiert ist und damit nicht aussagekräftig genug ist. Z. B. weil die (nicht messbare) Schwarzarbeit um 0,11 % des BIP im zweiten Quartal 2019 gestiegen ist.

Zu den Ungenauigkeiten der Messung des BIP siehe z. B. hier:

- https://de.wikipedia.org/wiki/Bruttoinlandsprodukt#Kritikpunkte

Trotzdem wurde die Nachricht, dass das BIP im zweiten Quartal um 0,1 % geschrumpft ist, in den Medien überall ausgewalzt.

Die beiden negativen Nachrichten vom 14. August 2019 zeigen, dass es keine Garantie dafür gibt, dass am Tag nach einer positiven Nachricht keine negativen Nachrichten veröffentlicht werden.

Da aber niemand negative Nachrichten und deren Wirkung voraussagen kann, kann auch niemand die kurzfristige Entwicklung von Aktienkursen vorhersehen.

Wer auf Grund von Nachrichten kauft oder verkauft, sollte sich immer Gedanken darübermachen, wie nachhaltig eine Nachricht auf einen Aktienkurs oder einen Börsenkurs wirkt.

Bewegen sich die Kurse der Börsenindices kaum, warten die Spekulanten auf neue Nachrichten. Kommen positive Nachrichten gehen die Aktienkurse tendenziell nach oben. Bei negativen Nachrichten geben die Aktienkurse nach. Diese beiden Szenarien finden ständig statt, obwohl viele Nachrichten nicht nachhaltig die Aktienkurse beeinflussen.

Kein kurzfristiges Trading

Da niemand die kurzfristige Entwicklung von Aktienkursen vorhersagen kann, dürften kurzfristig handelnde Spekulanten kaum Erfolg haben. So ist es auch!

Nach einer Studie aus dem Jahr 2016 über besonders aktive Spekulanten verloren circa 80 % der Spekulanten Geld. Und zwar im Durchschnitt 36 %. Nur 1 % dieser besonders aktiven Spekulanten konnte auf Dauer Kursgewinne einfahren. Es wurden die Handelsergebnisse von circa 83.000 Spekulanten, die aus England und Deutschland und noch 8 weiteren Ländern stammen, untersucht. Die circa 83.000 Spekulanten waren (und sind noch?) Kunden von einem international operierenden Broker.

Die Wissenschaftler Brad M. Barber, Yi-Tsung Lee, Yu-Jane Liu, Terrance Odean, Ke Zhang, die an verschiedenen Universitäten forschen, haben sich sehr intensiv mit dem Day Trading befasst.

Studie 12. Juli 2019

- *74% of day trading volume is generated by traders with a history of losses, and 97% of day traders are likely to lose money in future day trading*

Studie Oktober 2017

Es geht hier um eine Studie, die bei taiwanischen Spekulanten bzw. Day Tradern in den Jahren 1992 bis 2006 u. a. untersucht hatte, wie lange die dem Day Trading treu geblieben waren.

- *more than 75% of all day traders quit within two years*
- *For many of these traders, day trading is a persistent activity. Only 2.5% drop out within one month, while survival rates at one, two, and threeyears are 44%, 24% and 15% respectively*

Diese Studie finden Sie übrigens hier:

- https://faculty.haas.berkeley.edu/odean/papers/Day%20Traders/Day%20Trading%20and%20Learning%20110217.pdf

Studie Jahr 2010

- *less than 1% of the day trading population predictably earn profits*

Die amerikanische U.S. Securities and Exchange Commission (SEC) warnt daher zu Recht ausdrücklich vor dem Day-Trading:

Be prepared to suffer severe financial losses

Day traders typically suffer severe financial losses in their first months of trading, and many never graduate to profit-making status.

Ich wüsste nicht, warum diese sehr schlechten Zahlen entscheidend besser ausfallen sollten, wenn man statt einem Tag den Zeitraum von z. B. einer Woche betrachtet.

Börsenregeln

Da niemand vorhersagen kann, wie sich die Aktienkurse kurzfristig entwickeln, könnte man sich an Börsenregeln orientieren. Da fast alle Anleger nach Regeln suchen, die ihnen sichere Gewinne garantieren, gibt es entsprechend viele Regeln. So werden auch ständig Börsencrashs vorhergesagt. Kommt es dann mal zu einem Börsencrash, gibt es daher immer mindestens eine Person, die den Börsencrash prophezeit hat.

Hier werden im Folgenden einige, wenige Börsenregeln vorgestellt. Sie können dann beurteilen, ob man mit Hilfe dieser Börsenregeln die Unsicherheiten des Aktienmarktes in den Griff bekommen kann. Bzw. ob man sich an diesen Börsenregeln orientieren kann.

Sell in May and go away – die alte Börsenregel

„Sell in May and go away" ist eine alte Börsenweisheit, die seit 1935 zirkuliert. Später wurde diese alte Börsenweisheit um den Zusatz „but remember to come back in September" erweitert.

Mal sehen, was diese alte Börsenweisheit taugt.

Woher kommt vermutlich diese Regel? Vor vielen Jahrzehnten waren im Mai die Hauptversammlungen, bei denen das Jahresergebnis vorgestellt wurde. Im Mai wurden dann oft auch die Dividenden ausgeschüttet. Das führte dann an der Börse zu einem kurzen Strohfeuer. Danach sanken die Kurse wieder.

Heute sind Hauptversammlungen und Dividendenausschüttungen nicht mehr so auf den Mai konzentriert, siehe hier:

- https://www.finanzen.net/aktien/dividenden/

Zudem werden heute Unternehmensergebnisse oft quartalsweise vorgestellt.

Laut einer Studie von Fidelity International hat es sich In den letzten 30 Jahren, von dem Jahr 2018 rückwärts betrachtet, 17 Mal gelohnt, den DAX im Mai zu verlassen und 13 Mal nicht. Aus solchen Fakten lässt sich keine Regel ableiten. Das kommt den Ergebnissen von Münzwürfen schon sehr nahe.

Die Monate August, September und Oktober

Wer Fan von Kalenderregeln ist, fährt statistisch betrachtet besser, wenn er die Monate August und September meidet.

Laut einer Untersuchung von Refinitiv und LBWW Research ergeben sich für den Zeitraum von 1988 bis 2018 folgende Durchschnittwerte.

Börsenindex	Monat	Kursentwicklung im Durchschnitt (1988-2018)
DAX	August	minus 2,2 %
DAX	September	minus 2,25 %
DAX	Oktober	plus 2,18 %

Tabelle 2 DAX - Kursentwicklung August, September und Oktober im Durchschnitt

Wie Sie sehen, ist der durch die großen Börsencrashs von 1929 und 1987 stigmatisierte Oktober laut Refinitiv/LBWW Research ein Wonnemonat für Spekulanten. Im Durchschnitt der Jahre 1988 bis 2018 gab es im Oktober für den DAX einen Kursgewinn von circa 2,18 %.

Nur die Monate April (plus 2,59 %), November (plus 2,22 %) und Dezember (plus 2,43 %) sind im Durchschnitt etwas besser als der Oktober.

Wenn viele Spekulanten Angst vor einem schlechten September haben, kann es sein, dass diese Spekulanten bereits vor dem Monat September ihre Aktien verkaufen.

Ob man auf Grund dieser Durchschnittsdaten für den DAX, Ende Juli Aktien verkaufen sollte, um dann Ende September wieder Aktien zu kaufen, bleibt jedem selbst überlassen. Auf jeden Fall könnte man das als kurzfristiges Trading bezeichnen.

Auch den US-amerikanischen Börsenindices geht es laut Berichten von wallstreet online und GeVestor im September nicht gut.

Börsenindex	durchschnittlicher Kursverlust im September
Dow Jones (seit 1896)	minus 1,09 %
S&P 500	minus 1,02 %

Tabelle 3 durchschnittliche Kursverluste im September bei Dow Jones und S&P 500

Früher war es so, dass eine gewichtige Anzahl von US-amerikanischen Aktienfonds, deren Geschäftsjahr am 30. September endete, bisher schlecht gelaufene Aktien im September verkauften. Auf diese Weise konnten diese US-amerikanischen Aktienfonds ihre Kursgewinne mit Kursverlusten verrechnen.

Aber letztendlich kann ich keine zufriedenstellende Erklärung liefern, warum die Monate August/September im Durchschnitt so schlecht abschneiden. Bestenfalls kann man sagen, dass je mehr Spekulanten an so ein saisonales Muster glauben, umso größer ist die Wahrscheinlichkeit, dass ein solches saisonales Muster zustande kommt.

Die Sommermonate und der DAX

In vielen Jahren liegt der DAX Ende August in etwa auf dem Niveau von Anfang Juli. Das bedeutet, dass während der Sommerschulferien eine gewisse Ruhe einkehrt.

Auch das ist eine Regel, auf die man sich nicht zu 100 % verlassen kann.

Beispiel Jahr 2016:

Im Jahr 2016 konnte der DAX von Anfang Juli bis Ende August um mehr als 1000 Punkte zulegen.

Beispiel Jahr 2019:

1.7. 2019 Schlusskurs DAX: 125231 Punkte

30.8.2019 Schlusskurs DAX: 11939 Punkte

Ein Kursrückgang von circa 4,8 % in nur 2 Monaten (siehe Kapitel „Ein Konzert schlechter Nachrichten").

Wer kurzfristig spekuliert und sich im Urlaub nicht um sein Aktiendepot kümmern möchte, sollte auf jeden Fall einen Stop-Loss-Kurs setzen (siehe Kapitel „Die Stop-Loss-Order").

Der DAX steigt In den letzten 10 Handelstagen des Jahres

Von dem Jahr 2015 aus betrachtet, stieg der DAX im Durchschnitt der letzten 27 Jahre um 1,9 %. Statistisch betrachtet, kann man das als eine Regel bezeichnen. Doch es gibt keine plausible Begründung für dieses

Phänomen. Weihnachtsgeld, dass man im Laufe des Dezembers erhalten hat, sehe ich jedenfalls nicht als einen ausreichenden Grund an.

1,9 % werfen einen nicht unbedingt um, sind aber immer noch deutlich höher als der Sparbuchzins in den letzten Jahren. Wenn Sie möchten, können Sie das mal beobachten.

Wenn in der ersten Woche des Jahres die Aktienkurse steigen

Wenn in der ersten Woche des Jahres die Aktienkurse steigen, dann beendet der Dow Jones in 80 % der Fälle das Jahr mit einem Plus. Zumindest bis zum Jahr 2016 war das so. Wenn Sie möchten, können Sie das mal beobachten.

Die Größe eines Unternehmens schützt vor Kursverlusten

Auch das ist keine Regel, auf die man sich verlassen kann.

Beispiel:

In dem Aktienindex Dow Jones Global Titans 50 sind die 50 größten (Börsenwert) Unternehmen der Welt enthalten.

In der Baisse 2000 bis 2002 verlor der Dow Jones Global Titans 50 von September 2001 bis August 2002, also in einem Jahr, etwas weniger als 30 %. Der DAX verlor circa 30 %. Die Kurve der Kursrückgänge und der Kursanstiege war bei beiden Indices fast deckungsgleich (Quelle: Thomson F. Datastream).

Der MSCI Index verlor in diesem Zeitraum knapp 20 %.

Was man aber sagen kann, dass sehr große und diversifizierte Unternehmen eher in der Lage sind, Unternehmensteile zu verkaufen oder an die Börse zu bringen-. Für ein kleines Unternehmen, dass nur in einem Geschäftsfeld tätig, ist das wesentlich schwieriger oder gar unmöglich.

Durch Verkauf oder Börsengang wird aber erstmal nur die Liquidität gesteigert. Zudem benötigen solche Transaktionen Zeit. Stehen in der Ebbe alle nackt da, ist es zudem schwierig, einen Käufer für einen Teil des Unternehmens zu finden.

Aktienkurse und Fußballturniere

Sie wissen, dass es in Deutschland weniger Kinder gibt, weil es in Deutschland weniger Störche gibt?

Ähnlich „wertvolle" Zusammenhänge gibt es auch für Börsenkurse.

Wie vielleicht noch bekannt ist, war im Jahr 2016 die Fußball-Europameisterschaft bei unseren Nachbarn in Frankreich.

Scheidet eine Nationalmannschaft aus einem solchen Turnier aus, ist damit zu rechnen, dass am folgenden Börsentag die Kurse an dem jeweiligen nationalen Aktienmarkt im Schnitt um 0,5 % nachgeben.

So eine Studie des Forscherteams um Alex Edmans von der London Business School, die dieses Phänomen in 39 Ländern untersucht hat.

Nimmt man das Ergebnis dieser Studie ernst, dann sollten alle Aktienkäufer, die auf steigende, deutsche Kurse setzen, der deutschen Fußballnationalmannschaft wünschen, dass sie Fußballturniere Turniere gewinnt. Man wäre dann allerdings im Bereich des Day Tradings, da in den K.-o.-Runden die deutsche Nationalmannschaft jederzeit ausscheiden kann.

Für mich als Fazit bleibt, dass ich keine überzeugende Börsenregel gefunden habe. Eine überzeugende Börsenregel besteht für mich nicht nur aus statistischen Wahrscheinlichkeiten, sondern es müssen plausible Gründe hinzukommen, warum eine statistische Wahrscheinlichkeit so nennenswert hoch ist.

Der US-Leitzins wird erhöht und der DAX fällt

Der US-Leitzins wird erhöht und der DAX fällt? Wie Sie gleich feststellen werden, gibt es eine solche Regel nicht. Zumindest nicht, für die 12 Monate nach der ersten US-Leitzinserhöhung.

Denn eine erste Leitzinserhöhung wird in der Regel nur dann getätigt, wenn der Inflationsdruck auf Grund der gut laufenden Konjunktur zugenommen hat. Den Unternehmen geht es so gut, dass Sie eine Erhöhung des US-Leitzinses erstmal gut wegstecken können.

Börsenindex	Jahr	erste US-Leitzinserhöhung	DAX 12 Monate später
DAX	1977	1.8.1977	plus 9 %
DAX	1980	21.10.1980	minus 2,4 %
DAX	1984	1.3.1984	plus 10,7 %
DAX	1987	30.4.1987	minus 19,4 %
DAX	1988	30.3.1988	plus 22,9 %
DAX	1994	4.2.1994	minus 3,8 %
DAX	1999	30.6.1999	plus 27,8 %

Tabelle 4 Kursentwicklung DAX 12 Monate nach einer US-Leitzinserhöhung

* Quellen: Bloomberg, Landesbank Rheinland-Pfalz

Bezüglich des Jahres 1987 darf ich auf das Kapitel „Besonderheiten des Aktiencrashs von 1987" verweisen. In all den oben genannten Jahren gab es mehrere US-Leitzinserhöhungen. Diese Zinswenden erhöhten den US-Leitzins in allen Fällen um mindestens 30 %. Wenn man mal vom Jahr 1987 absieht, hat sich der DAX von diesen US-Leitzinserhöhungen 12 Monate lang nicht beeindrucken lassen.

Auch der Dow Jones geht übrigens nicht gleich in die Knie, wenn die US-Leitzinsen erhöht werden. Trotz mehrerer US-Leitzinserhöhungen in den Jahren 1994 bis 1996 stieg der Dow Jones in diesem Zeitraum.

Zugegeben, die Daten sind schon etwas alt. Ich wollte Sie Ihnen trotzdem nicht vorenthalten.

Der US-Leitzins wird stark gesenkt und die Aktienkurse steigen

Vom Jahr 2000 aus betrachtet, galt diese Regel immer. Im Durchschnitt stiegen die Aktienkurse 9 bis 12 Monate später.

Die zahlreichen Zinssenkungen der japanischen Notenbank Anfang der 90er Jahre des vergangenen Jahrhunderts verpufften aber. Die japanischen Aktienkurse fielen nämlich von 1990 bis 1992.

Hier könnte man einwenden, dass es sich nicht um US-Leitzinssenkungen handelte. Doch hier ein Beispiel, dass US-Leitzinssenkungen nicht nach 9 bis 12 Monaten zu steigenden Aktienkursen führten.

Im Jahr 2001 senkte die US-amerikanische Notenbank in 11 Schritten ihren Leitzins von 6,5 % auf 1,75 %.

Trotzdem verloren der Dow Jones im Jahr 2002 16,76 %, der S&P 500 23,37 % und der DAX 44,45 %.

Hier musste man etwas geduldiger sein. Im Jahr 2003 stiegen nämlich der Dow Jones um 25,32 %, der S&P 500 um 26,07 % und der DAX um 39,42 %.

Lassen sich fallende Aktienkurse vorhersagen?

Natürlich lassen sich fallende Aktienkurse kaum vorhersagen. Ein harter Brexit würde wahrscheinlich zu Kursverlusten im DAX führen. Verhängt Trump einen Zoll von 25 % auf Autoimporte aus der EU, würde auch das wahrscheinlich Kursverluste im DAX verursachen. Allerdings kann niemand vorhersagen, wie hoch dann die Kursverluste sein werden. Das kann aber dem Spekulanten egal sein, der bei einem harten Brexit auf jeden Fall seine Aktien verkaufen möchte.

Die Ankündigung der beiden, extremen Ereignisse hat wahrscheinlich schon direkt oder indirekt zu einem geringeren Anstieg der Aktienkurse oder zu fallenden Aktienkursen geführt. Bloß kann leider niemand ausrechnen, welchen Anteil die beiden Ankündigungen an den bisherigen Aktienkursentwicklungen hatten.

Kommt es beim Eintritt eines dieser beiden Ereignisse (wider Erwarten) zu keinen nennenswerten Kursverlusten an den Aktienmärkten, werden die Experten im Nachhinein sagen, dass der Eintritt dieses Ereignis schon zu einem großen Teil in den Aktienkursen enthalten war. Oder mit anderen Worten: Das Ereignis war schon eingepreist.

Gerade ein harter Brexit würde nicht völlig überraschend über Nacht kommen.

Beispiel:

Wenn am 30. Oktober 2019 keine Einigung zwischen der EU und dem Vereinigten Königreich in Sicht ist, wüsste ich nicht, warum ich als Spekulant rein formal noch den 31. Oktober 2019 abwarten soll, um erst dann meine Aktien zu verkaufen.

Ist keine Einigung in Sicht und rechnen die Spekulanten damit, dass bei einem harten Brexit die Aktienkurse einbrechen, werden viel Spekulanten ihre Aktien schon vor dem Eintritt eines harten Brexit verkaufen, und zwar schon vor dem 30. Oktober 2019. Kein Spekulant will als Letzter verkaufen.

Würden alle vor dem Eintritt des harten Brexits ihre Aktien verkaufen, die deswegen verkaufen wollen, käme es rein theoretisch nach dem Eintritt des Brexits zu keinen Kursverlusten an den Aktienmärkten wegen des Brexits. Da es dann keine Verkäufer mehr gibt.

Dazu wird es aber nicht kommen. Die Hoffnung stirbt bekanntlich zuletzt. Es wird eine Gruppe von Spekulanten geben, die darauf hoffen, dass die Kursverluste an den Aktienmärkten schon nicht so schlimm werden und dass der durch den harten Brexit aufgewirbelte Staub sich schon bald legen wird.

Sind dann die Kursverluste an den Aktienmärkten doch größer als erwartet, wird auch diese Gruppe von Spekulanten Ihre Aktien (zu spät) verkaufen. Was zu weiteren Kursverlusten an den Aktienmärkten führen würde.

Wie Sie sehen, lassen sich selbst bei einem so extremen Ereignis wie dem harten Brexit fallende Aktienkurse schlecht vorhersagen.

Lassen sich Rezessionen anhand von Konjunkturindikatoren vorhersagen?

Wie eben aufgezeigt, ist es schwierig fallende Aktienkurse vorherzusagen. Aber vielleicht ist es eher möglich indirekt fallende Aktienkurse voraussagen, indem man eine Rezession mittels Konjunkturindikatoren vorhersagt. Denn eine Rezession ohne fallende Aktienkurse gibt es nicht.

Der Zusammenhang von Rezessionen und Baissen

Baissen (Bärenmärkte) mit Kursverlusten von mindestens 20 % gab es in Deutschland mit Ausnahme von 1987, nur im Umfeld von Rezessionen, wenn die Unternehmensgewinne um ein Drittel oder mehr sanken.

Aktienkurse beginnen wieder dann zu steigen, wenn die Konjunktur nach Ansicht bedeutender Anleger ihren Tiefpunkt erreicht hat. Die Anleger sind hier also nicht nach Köpfen zu zählen, sondern nach der Größe des Handelsvolumens. 10 Kleinanleger sind daher nicht so bedeutend wie 3 Großanleger. Das Kaufvolumen führt also zu steigenden Kursen, und nicht primär die Anzahl der Anleger.

Es ist unmöglich, den tiefsten Punkt eines Kurssturzes vorab zu bestimmen. Aber wenn Panikverkäufe auftreten – worüber regelmäßig berichtet wird – ist es zum tiefsten Punkt nicht mehr weit.

Die Aktienkurse beginnen also schon vor dem Ende einer Rezession zu steigen. Da ist ja dann auch nur logisch, wenn die Kurse sinken, bevor die Rezession beginnt. Wenn also eine Rezession befürchtet wird. Wer als Erster davon ausgeht, dass eine Rezession droht, verkauft in der Regel als Erster.

Was gibt einem die Sicherheit, dass eine Rezession droht?

- das Bauchgefühl oder das Näschen
- Konjunkturindikatoren
- der Herdentrieb (man verlässt sich auf die Einschätzung anderer)

Ich will mich hier nur mit einigen Konjunkturindikatoren beschäftigen.

Konjunkturindikatoren - dunkle Wolken am Horizont

Konjunkturindikatoren dienen der Vorhersage der Konjunkturentwicklung.

Unternehmen und Unternehmen können die Konjunkturindikatoren dazu benutzen, um Investitionsentscheidungen zu treffen oder ihre Kapazitäten zu verringern.

Verbände können auf Grund der Konjunkturindikatoren von der Politik Konjunkturpakete einfordern. Der Staat kann auf Basis der Konjunkturindikatoren, Konjunkturpakete schnüren.

Die Bespiele zeigen, dass Konjunkturindikatoren nicht dazu dienen, Aktienkurse vorherzusagen.

Dennoch wäre es für Spekulanten äußerst hilfreich, wenn Konjunkturindikatoren Rezessionen vorhersagen könnten. Denn dann würden viele Spekulanten ihre Aktien vor dem Eintritt einer Rezession treffsicher verkaufen können.

Ebenfalls wäre es für Spekulanten sehr vorteilhaft, wenn Konjunkturindikatoren das Ende einer Rezession prophezeien könnten. Ein Ende des Verfalls der Aktienkurse und damit ein nachfolgender Anstieg der Aktienkurse wären Monate vorher voraussehbar. Der Traum eines jeden Spekulanten: Nach einem Kurseinbruch Aktien zu niedrigen Aktienkursen kaufen.

Unter diesen Blickwinkeln beschäftigt sich das Buch mit einigen Konjunkturindikatoren. Die letzte Rezession endete im Jahr 2009. Daher wird teilweise auf das Jahr 2009 Bezug genommen.

Indikatoren, die den Konsum und Einzelhandel betreffen, werden nicht untersucht, da Konsum und Einzelhandel in der Regel die Konjunktur noch stützen, wenn es in anderen Wirtschaftsbereichen schon bergab geht. Das bedeutet, dass diese Indikatoren eine mögliche Rezession zu spät anzeigen.

Da die Aktienkurse in der Regel schon vor dem möglichen Eintritt einer Rezession einbrechen. Dafür beginnen sich die Aktienkurse schon in vielen Fällen vor dem vermuteten Ende einer Rezession zu erholen.

Der „Baltic Dry Index" als Konjunkturindikator

An dem „Baltic Dry Index (BDI)" lässt sich die Entwicklung der Frachtraten bzw. der Transportpreise für den Transport von Containern und Rohstoffen auf den Weltmeeren. Sinken die Preise, wird weniger transportiert. Es wird weniger transportiert, wenn weniger bestellt wird. Es wird weniger bestellt, wenn davon ausgegangen wird, dass zusätzliche Bestellungen nicht zu verkaufen sind. Das ist insbesondere deswegen interessant, weil der Einsatz von Rohstoffen in der Regel im Produktionsprozess ganz vorne zu finden ist. Ohne Rohstoffe keine Halbfertigprodukte.

Sinkt dieser Index sehr stark, droht in 8 bis 12 Monaten eine Rezession. „Baltic Dry Index" kann also ein Grund sein vor dem Beginn einer Rezession Aktien zu verkaufen oder zumindest eine Stop-Loss-Order zu erteilen.

Über 90 % des Welthandels werden übrigens über den Seeweg abgewickelt.

Vor den Aktiencrashs von 1987, 2000 bis 2002 und 2008 ging der Baltic Dry Index in die Knie.

Laut einer Studie von Goldman Sachs aus dem Jahr 2015 hat der Baltic Dry Index inzwischen an Aussagekraft eingebüßt. Da in den letzten Jahren zu viele Frachtschiffe gebaut worden waren, sanken die Frachtraten auch in konjunkturell guten Zeiten.

2 Beispiele: Keine Rezession trotz Kurssturz beim Baltic Dry Index

Jahr	Rückgang Baltic Dry Index	Kursanstieg DAX
2010	50 %	15,19 %
2013	mehr als 50 %	24,77 %

Tabelle 5 Rückgang Baltic Dry Index und Kursreaktion DAX

Wer den „Baltic Dry Index" dennoch beobachten will, kann das z. B. hier machen.

- https://www.cnbc.com/quotes/?symbol=.BADI

Vorher wäre aber festzustellen, ob es immer noch ein Überangebot an Frachtschiffen gibt.

Der Ifo-Index

Der Ifo-Index ist ein Geschäftsklimaindex. Weil monatlich 7.000 deutsche Unternehmen mittels eines Fragebogens mit 20 Fragen zu ihrer aktuellen wirtschaftlichen Lage und zu Ihrer Geschäftserwartungen befragt werden.

Im Jahr 2009, also kurz nachdem Aktiencrash 2008, stellte Commerzbank-Volkswirt Jörg Krämer die Regel auf, dass der Ifo-Index fünfmal hintereinander steigen muss, bevor eine Rezession beendet ist. Andreas Rees, Chefvolkswirt der Hypo-Vereinsbank, errechnete damals, dass ab einem Niveau von 93,5 Punkten mit einer Zeitverzögerung von 4 Monaten eine konjunkturelle Stabilisierung einsetzt und damit die Rezession wahrscheinlich ihr Ende gefunden hat.

Allerdings sollte der Ifo-Index zusammen mit dem ZEW-Index, dem Baltic-Dry-Index und eventuell noch weiteren Konjunkturindikatoren beobachtet werden.

Der ZEW-Index

Beim ZEW-Index werden bis zu 350 Analysten und institutionelle Anleger nach ihren mittelfristigen Erwartungen bezüglich der Konjunktur- und Kapitalmarktentwicklung befragt. Hier werden also nicht Entscheider befragt, sondern Beobachter.

Ob der Ifo- oder der ZEW-Index treffsicherer ist, war bereits schon Gegenstand vieler Studien, die kein klares Ergebnis brachten.

Im Jahr 2009 verwies der Commerzbank-Volkswirt Krämer darauf, dass er den auf den Sechs-Monats-Durchschnitt des ZEW-Indikators setzt. Ist dieser positiv, braucht es wahrscheinlich noch circa 6 Monate, bis es mit der Konjunktur wieder bergauf geht.

Die inverse Zinskurve als Konjunkturindikator

Eine Zinskurve gilt als invers, wenn Anleger für kurzfristige Anleihen (zwei Jahre) höhere Zinsen bekommen als für langlaufende Anleihen (zehn Jahre). Leihen Sie jemand Geld für 10 Jahre, möchte man in der Regel als Gläubiger einen höheren Zinssatz haben, als wenn man jemand nur für 2 Jahre Geld leiht. Denn mit der Zeit steigt das Risiko, dass das Geld nicht mehr zurückgezahlt werden kann. Die wirtschaftliche Entwicklung eines Schuldners ist bei einem Zeitraum von 2 Jahren besser voraussehbar als bei 10 Jahren. Hinzu kommt noch die Inflation. Die sich für einen längeren Zeitraum noch schlechter als für einen kürzeren Zeitraum voraussagen lässt.

Beispiel:

Im Augenblick mag ein Zinssatz von 2 % attraktiv sein.

In 8 Jahren liegt die Inflation unvorhersehbar bei 4 %. Dann gibt es aber für Anleihen mit gleichem Rating einen höheren Zinssatz als 2 %, z. B. 5 %. Da es Anleihen mit einem höheren Zinssatz von 2 % gibt, kauft keiner mehr Anleihen mit einem Zinssatz von 2 %. Dadurch sinkt der Kurs der Anleihen mit einem Zinssatz von 2 %, weil niemand mehr die Anleihe mit einem Auszahlungskurs von 100 % kaufen möchte. In der Theorie sinken die Kurse dieser alten Anleihen so tief, dass sich diese ebenfalls mit 5 % „verzinsen".

Da aber diese alten Anleihen nur noch eine Restlaufzeit von 2 Jahren haben, wird die „Verzinsung" der alten Anleihen unter dem dann geltenden Zinssatz für 10-jährige Anleihen liegen. Da die inverse Zinskurve ein Ausnahmefall ist.

Dieser Grundgedanken gelten auch für Staatsanleihen.

Mit Ausnahme von 1966 gab es seit 1960 mit einer zeitlichen Verzögerung von etwas über einem Jahr in den USA immer eine Rezession, wenn sich eine inverse Zinskurve ergab. Daher findet die inverse Zinskurve eine starke Beachtung.

1998, 2000, 2006 schrumpfte die Wirtschaft 13 bis 19 Monate nach der Umkehrung der Zinskurve.

Diese hohe Trefferquote hat die Federal Reserve Bank von San Francisco ermittelt. Wobei diese die Zinsen für 3-monatige Anleihen mit den Zinsen von 10-jährigen Anleihen vergleicht.

Wer bei diesem Thema tiefer einsteigen möchte, findet hier die passenden Informationen.

- https://www.frbsf.org/economic-research/publications/economic-letter/2018/august/information-in-yield-curve-about-future-recessions/

Oder etwas aktueller:

Am Freitag, den 22. März 2019 fiel erstmals seit 2007 der Zins für zehnjährige US-Staatsanleihen unter jenen für dreimonatige Geldmarktpapiere.

Sowohl im Frühjahr 2019 als auch im Jahr 2008 wurde von der Federal Reserve Bank of New York die Wahrscheinlichkeit einer Rezession auf circa 35 % geschätzt. 35 % sind nicht gerade viel. Trotzdem gab es dann 2008 eine Weltwirtschaftskrise. Obwohl damals die Wahrscheinlichkeit einer Rezession auch nur bei 35 % lag.

Am 14. August 2019 fiel die Rendite der 30-jährigen US-Staatsanleihen, die 2,08 % betrug, unter den Wert der zweijährigen US-Staatsanleihen.

Ist die inverse Zinskurve ein zuverlässiger Konjunkturindikator, würde laut diesen Prognosen im Zeitraum Juli 2020 bis Dezember 2020 in den USA eine Rezession beginnen.

Wann die Rezession nach einer inversen Zinskurve beginnt

Es gibt aber noch andere Prognosen, wann die Rezession nach einer inversen Zinskurve beginnt.

Wie oben bereits erwähnt, schrumpfte 1998, 2000, 2006 die Wirtschaft 13 bis 19 Monate nach der Umkehrung der Zinskurve.

Nach einer Studie der Credit Suisse tritt eine Rezession nach einer Inversion der Zinskurve im Durchschnitt nach 22 Monaten auf. Dabei gab es nach der inversen Zinskurve und vor der Rezession beim S&P 500 noch einen Kursanstieg von durchschnittlich 15 %.

Der Chef-Analyst des Onlinebrokers Markets.com weist darauf hin, dass es meist ein bis zwei Jahre dauere, bevor die Rezession vor der Tür steht.

The Sevens Report geht davon aus, dass innerhalb von 6 bis 18 Monaten nach einer inversen Zinskurve mit einer Rezession zu rechnen ist.

Die Experten sind sich also uneins, wie lange es nach einer inversen Zinskurve dauert, bis die Wirtschaft in eine Rezession rutscht. Die Experten sind sich aber darin einig, dass eine Rezession nicht unmittelbar vor der Tür steht.

Umso verwunderlicher ist es, dass am Tag der Bekanntgabe der inversen Zinskurve, am 14. August 2018, der Dow Jones 3,05 % verliert. Schließlich bleibt noch eine Menge Zeit bis die Rezession (möglicherweise) eintritt.

Vielleicht muss man zukünftig nach einer inversen Zinskurve nicht mehr solange auf die Rezession warten.

Je mehr Unternehmen und Unternehmen daran glauben, dass nach einer inversen Zinskurve eine Rezession kommt, umso weniger Investitionen gibt es. Wer investiert denn kurz vor einer bestehenden Rezession noch? Da stehen eher Themen wie der Abbau von Kapazitäten im Vordergrund. Wobei ich Entlassungen auch als eine Desinvestition betrachte.

Als erstes könnten übrigens die Banken betroffen sein, da sich der Zinssatz für Darlehen in vielen Fällen am Zinssatz für langfristige Anleihen orientiert. Sinkt dieser, verdienen die Banken weniger Geld. Auch mit der Emittierung von Anleihen.

Das Angstbarometer Volatilität

Für Indices wie den DAX oder den S&P 500 gibt es einen Volatilitätsindex, der die erwartete Schwankungsbreite des jeweiligen Index angibt.

Ein Wert von z. B. 15 beim VDAX-New bedeutet, dass der DAX innerhalb der nächsten 30 Tage um 15 % fallen oder steigen kann.

Ein Wert von z. B. 18 beim VIXX-New signalisiert, dass der S&P 500 innerhalb der nächsten 30 Tage um 18 % fallen oder steigen kann.

Der VDAX-NEW

Der Volatilitätsindex für den Börsenindex DAX heißt VDAX-NEW.

Den VDAX-New gibt es seit 2005. So neu ist der VDAX-New also nicht.

Über 5 Jahre betrachtet, lag das Hoch beim VDAX-NEW bei einem Wert von circa 40,06. Der Tiefpunkt lag in den letzten 5 Jahren bei einem Wert von circa 10,97. Wenn nichts Besonderes passiert, liegen die Werte zwischen 12 und 14.

Beispiel:

Als der DAX vom 30.7.2019 bis zum 5.8.2019 in der Spitze bis um 6,6 % fiel, kletterte der VDAX-New auf circa 21. Ein Wert von 20 ist also schon recht hoch. Da hast sich dann der DAX schon in einem etwas größeren Umfang nach unten bewegt.

Der VIX

Der Volatilitätsindex für den Börsenindex S&P 500 hat den Namen VIX.

Über 5 Jahre betrachtet, lag das Hoch beim VIX bei einem Wert von circa 40,74. Der Tiefpunkt lag in den letzten 5 Jahren bei einem Wert von circa 9,14. Wenn nichts Besonderes passiert, liegen auch hier die Werte zwischen 12 und 14.

Beispiel:

Als der S&P 500 vom 31.7.2019 bis zum 5.8.2019 in der Spitze bis um 6,9 % fiel, kletterte der VIX auf circa 22. Auch hier ist ein Wert von 20 also schon recht hoch.

VDAX-NEW und VIX

Die aktuellen Kurse der beiden Volatilitätsindices sind im Internet leicht zu finden. Je stärker und schneller die Kurse fallen, umso stärker steigen die beiden Volatilitätsindices. Umso größer ist die Angst.

Der VAX-New stieg innerhalb von 5 Handelstagen um circa 52 %.

Der VIX kletterte innerhalb von 5 Handelstagen um circa 86 %.

Bei einem Kursverlust von über 6 % in so wenigen Handelstagen kann von größeren Kursschwankungen nicht die Rede sein. Es gab kaum Aufwärtsbewegungen während dieser Handelstage.

Sie haben es wahrscheinlich schon gemerkt. Es spielte fast keine Rolle, ob man in diesem Zeitraum in den DAX oder in den S&P 500 investiert war.

Auf breiter Front gaben die Kurse auf beiden Seiten des Atlantiks nach. Da muss man schon sehr viel Glück haben, wenn man eine der wenigen Aktien im Aktiendepot hatte, deren Kurs in diesem Zeitraum nicht gefallen war.

Stock-Picking, also die Auswahl einzelner Aktien, bietet nicht viel Schutz bei allgemeinen Abwärtstrends vor Kursverlusten. Damit haben Sie grundsätzlich das gleiche Entscheidungsproblem, wie bei Aktien, die sich bisher unterdurchschnittlich entwickelt haben: Soll ich die Aktie wegen des Rückgangs des Kurses verkaufen?

Soweit es überhaupt Wertpapiere gibt, mit denen man den VDAX-New oder den VIX handeln kann, würde ich davon abraten. 10 % Kursveränderung an einem Tag sind nichts Besonderes (siehe oben). Solche Unsicherheiten sind, schwer in den Griff zu bekommen.

<u>Eine hohe Volatilität als Vorbeben?</u>

Die Volatilität gibt lediglich die erwartete Schwankungsbreite an. Eine Aussage, ob die Kurse in den nächsten 30 Tagen steigen oder fallen, ist darin nicht enthalten. Wie denn auch? Da niemand die kurzfristige Entwicklung von Aktienkursen vorhersagen kann.

Fallen die Aktienkurse um X %, steigt die Volatilität um ein nicht voraussagbares Vielfaches von X %.

Man kann bestenfalls sagen, dass angenommen wird, dass es am Aktienmarkt etwas ungemütlicher werden wird. Falls es tatsächlich ungemütlicher werden sollte, wären Sie auf Grund der Volatilitätswarnung bestenfalls psychologisch besser gewappnet. Da aber die Volatilität innerhalb weniger Tage sehr stark ansteigen kann (siehe oben), müssten Sie die Volatilität zu diesem Zweck jeden Tag beobachten. Damit Sie (noch) rechtzeitig vorgewarnt sind. Sich jeden Tag die Volatilität anzuschauen, kostet wahrscheinlich mehr Nerven, als der eben erwähnte Vorteil einer besseren psychologischen Wappnung einbringt. Die Beobachtung der Volatilität ist also nicht dazu geeignet, Unsicherheiten in den Griff zu bekommen.

Eine Kauf- oder eine Verkaufsentscheidung auf Grund der Höhe der Volatilität würde ich erst recht nicht treffen.

<u>Die Vorhersage von Rezessionen in der Vergangenheit</u>

Trotz zahlreicher Konjunkturindikatoren wurden in der Vergangenheit keine Rezessionen zuverlässig vorausgesagt.

Das Handelsblatt vom 2. Juli 2018:

In der Geschichte der Bundesrepublik gab es bisher sechs echte Rezessionen: 1967, 1975, 1982, 1993, 2003 und 2009.

Allen gemein ist, dass keine Institution auch nur eine davon prognostiziert hat. Das Herbstgutachten der von der Bundesregierung beauftragten Institute sah Deutschland im Oktober 2008 „am Rande einer Rezession".

Gleichwohl prognostizierten Sie für 2009 noch 0,2 Prozent Wachstum - tatsächlich schrumpfte die Wirtschaft um 5,6 Prozent. Ein halbes Jahr später sagten dieselben Institute für 2010 ein Minus von 0,5 Prozent voraus - aber die Wirtschaft wuchs um 3,9 Prozent. Nicht besser lagen Bundesbank und Sachverständigenrat.

Zum anderen befürchten angesehene Institutionen sich selbst erfüllende Prognosen. Dieses Risiko unerwünschter Rückkoppelungen von Voraussagen und dem Verhalten von Entscheidungsträgern bringt es mit sich, dass Sachverständigenrat, Bundesbank im die großen Institute sehr zurückhaltend mit Rezessionsprognosen waren und sind.

Die hier genannten Institutionen sind also nicht in der Lage Rezessionen vorherzusagen. Ich teile die Vermutung, dass keine der Institutionen in den Verdacht geraten will, eine Rezession herbeigeredet zu haben. Das wäre aus meiner Sicht unverantwortlich.

Was einem bleibt, ist die selbständige Betrachtung der Konjunkturindikatoren (siehe unten). Zumal es aus meiner Sicht kaum brauchbare Börsenregeln gibt (siehe oben). Auf die Medien kann man sich in vielen Fällen auch nicht verlassen. So viele Krisen, wie von denen gemeldet werden, kann es gar nicht geben.

2002 stieg der Ifo-Index stieg mehrmals hintereinander deutlich an, die Realwirtschaft zog aber nicht nach, und es kam somit zu einer Scheinblüte. Im Jahr verlor der DAX 44,45 %.

Da es trotz der Alarmsignale der Konjunkturindikatoren keine hundertprozentige Garantie gibt, dass tatsächlich eine Rezession eintritt, stellt sich die Frage, was passiert, wenn ein Fehlalarm ausgelöst worden ist.

Wenn Sie Aktien frühzeitig verkauft haben, weil z. B. Ihre Stop-Loss-Marke gerissen wurde, haben sich die Aktien wegen des Fehlalarms verbilligt. Jetzt können Sie die Aktien dann (wieder) günstiger kaufen.

In so einem Fall bleibt Ihnen ohnehin nichts Anderes übrig, als versuchsweise und scheibchenweise zu niedrigeren Kursen wieder einzusteigen. Ich verwende die Worte „versuchsweise" und „scheibchenweise", weil unklar ist, wie tief die Kurse sinken (siehe das Kapitel „Niemand kann kurzfristig Kurse vorhersagen").

Beispiel:

Nach 10 % Kursverlust, nach 20 % Kursverlust, nach 30 % Kursverlust etc. steigen Sie wieder mit jeweils höheren Beträgen wieder ein. War der Einstieg bei 10 % Kursverlust und bei 20 % Kursverlust zu früh, muss der Betrag bei 30 % Kursverlust so groß sein, dass er die bisherigen Kursverluste durch den zu frühen Einstieg im Wege einer Durchschnittberechnung stark abmildert.

Siehe auch das Kapitel „Aktien während einer Börsenkorrektur oder einer Baisse kaufen".

Da niemand kurzfristig Kurse vorhersagen kann, sind die Prozentsätze in dem Beispiel frei gewählt. Man könnte stattdessen auch 12 %, 24 % und 32 % wählen.

Sind Sie während des Absturzes auf Ihren Aktien hockengeblieben, weil Sie nicht verkaufen wollten, bleibt Ihnen nichts Anderes übrig, als zu warten, bis die Kurse wieder steigen. Es sei denn, Sie möchten die buchhalterischen Verluste realisieren, weil Sie das investierte Geld benötigen. Das wäre dann der GAU. Das schließt dann auch die Variante aus, dass Sie zwar Ihre Aktien bisher nicht verkauft haben und noch genügend freies Geld besitzen, um bei reduzierten Kursen noch mehr Geld in den Aktienmarkt zu investieren.

Handelt es sich wirklich um einen Fehlalarm, kann man davon ausgehen, dass sich die Kurse schneller erholen als bei einer echten Baisse bzw. bei einer tatsächlich eingetretenen Situation (siehe unten).

Die 200-Tage-Linie als Indikator für Kurseinbrüche am Aktienmarkt

Nachdem nun Börsenregeln und Konjunkturindikatoren betrachtet worden sind, wende ich mich der 200-Tage-Linie zu.

Die 200-Tage-Linie ist der Kursdurchschnitt aus den vergangenen 200 Handelstagen.

Wie aus Daten des Informationsdienstes Bloomberg hervorgeht, weitete der Dow Jones in 4 von 5 Fällen seine Verluste deutlich aus, wenn sein Kurs unter die 200-Tage-Linie fiel. Im Schnitt brach der Dow Jones innerhalb eines Jahres um fast 20 Prozent ein. (Siehe ggf. das Kapitel „Stop-Loss-Kurs etwas oberhalb der 200-Tage-Linie setzen").

Das Todeskreuz als Indikator für Kurseinbrüche am Aktienmarkt

Dann gibt es noch das sogenannte Todeskreuz. Bei einem Todeskreuz schneidet die 50-Tage-Linie die 200-Tage-Linie von oben nach unten. Wenn dann die 200-Tage-Linie ihre zuvor steigende Tendenz umkehrt, besteht die Gefahr, dass die Abwärtsdynamik zunimmt. Das kam beim DAX in den letzten 10 Jahren 4 Mal vor. Im Anschluss daran, brach der DAX mindestens um 10 % ein und büßte in der Spitze mehr als die Hälfte seines Wertes ein. Auch in diesen Fällen könnte man daran denken, eine Stop-Loss-Order zu erteilen.

Aktien-Tipps von Insidern ganz legal

Wenn amtierende Vorstände und Aufsichtsräte eines Unternehmens Aktien dieses Unternehmens gekauft oder verkauft haben, müssen sie diese Transaktionen an die Finanzaufsicht Bafin melden. Weil davon ausgegangen wird, dass Sie einen Informationsvorsprung bezüglich „ihres" Unternehmens haben.

Wenn solche Insider Aktien kaufen oder verkaufen, geben sie indirekt Aktien-Tipps ab. Für diese Aktienkäufe und Aktienverkäufe gibt es sogar seit mehr als 16 Jahren ein Insiderbarometer von der Commerzbank. Alle 2 Wochen wird das Insiderbarometer neu berechnet. Das Handelsblatt berichtet regelmäßig über das Insiderbarometer. Diese Artikel des Handelsblattes werden (teilweise) zum kostenlosen Lesen in das Internet gestellt.

Nicht alle Transaktionen der Insider werden im Insiderbarometer 1:1 übernommen. Damit großvolumige Käufe oder Verkäufe das

Insiderbarometer nicht dominieren, werden Käufe fiktiv mit maximal einer Million und Verkäufe fiktiv mit maximal fünf Millionen berücksichtigt. Alles was in der Realität über diese Beträge hinausgegangen war, wird also abgeschnitten.

Wenn dieses Insiderbarometer stark sinkt, fallen oft die Aktienkurse der betroffenen Unternehmen innerhalb weniger Monate. Oder die Aktienkurse stagnieren bestenfalls. Liegt das nun an dem erwähnten Informationsvorsprung oder liegt das (teilweise) daran, dass Zocker und Spekulanten den Entscheidungen der Insider folgen?

Auf jeden Fall ergab eine Studie von der Frankfurt School of Finance & Management folgendes Ergebnis.

Die Aktien, die von den Topmanagern gekauft wurden, hatten 2016 vom Veröffentlichungstag bis zum Jahresende im Durchschnitt um 9,23 % zugelegt. Die Aktien, die von den Insidern verkauft wurden, stiegen dagegen nur leicht um 0,3 %. Der DAX stieg im Jahr 2016 um 6,87 %. Wer sich die Kursveränderungen des DAX in einem bestimmten Kalenderjahr interessiert, kann hier nachlesen, wenn er dort nach unten scrollt.

- https://www.boerse.de/historische-kurse/Dax/DE0008469008

Aber auch Insider können sich natürlich irren.

Wer den Entscheidungen der Insider folgen will, findet hier auf Monatsbasis weitere Informationen.

- https://www.finanzen.net/insiderdaten/

Ich finde die o. g. Webpage ist intuitiver als die folgende Webpage:

- https://portal.mvp.bafin.de/database/DealingsInfo/

Die Stop-Loss-Order

Wer langfristig (z. B. für 12 Jahre) einen ETF auf einen Index wie z. B. den DAX gekauft hat, braucht sich nicht mit dem Thema Stop-Loss-Order zu beschäftigen. Warum? Weil Börsenindices wie der DAX, der Dow Jones, S&P 500 etc. auf Dauer immer steigen. Sie können davon ausgehen, dass innerhalb eines solch langen Zeitraumes sich mehrere Börsenkorrekturen ereignen werden. Diese Kursstürze setzen Sie einfach aus und schwitzen solange. Ansonsten unternehmen Sie nichts.

Eine andere Möglichkeit ist, dass Sie noch ein bisschen Pulver trocken gehalten haben, um im Falle eines allgemeinen Kurssturzes auf einen fallenden Index wie z. B. den DAX zu setzen. Dieses Pulver müssen Sie im Zweifelsfall recht lange trocken halten. Ein Index wie der DAX stürzt nicht jedes Jahr um 20 % oder mehr ab. In den letzten 40 Jahren war das bezogen auf das Kalenderjahr 4 Mal der Fall. Und zwar in den Jahren 1987 (minus 30 %), 1990 (minus 22 %), 2002 (minus 44 %) und 2008 (minus 40 %).

Während dieser Zeit geht Ihre Hauptwette von einem steigenden DAX aus und mit Ihrer Nebenwette spekulieren Sie zugleich auf einen fallenden DAX.

Das setzt natürlich voraus, dass Sie bestimmen können, wann die Baisse beginnt und wann die Baisse endet (siehe Kapitel „Lassen sich Rezessionen anhand von Konjunkturindikatoren vorhersagen?").

Eine Rezession findet nie zeitgleich mit einer Baisse statt. Die Baisse kommt schneller als die Rezession und Sie verschwindet schneller als die Rezession, da an der Börse Zukunftserwartungen gehandelt werden. Die Börse nimmt eine Rezession vorweg, bevor die Rezession da ist. Die Börse glaubt an einen konjunkturellen Aufschwung, bevor die Rezession beendet ist.

Sind Sie kein langfristig agierender Spekulant, sollten Sie sich auf jeden Fall mit dem Thema Stop-Loss-Order beschäftigen.

Die Erteilung einer Stop-Loss-Order für eine Aktie setzt voraus, dass Sie einen Kursrückgang erwarten. Da mit einem Kursrückgang – wie auch mit einer Kurserhöhung – jederzeit zu rechnen ist, sollte so gesehen, man immer eine Stop-Loss-Order setzen.

Es sei denn, Sie sind in der Lage (dauerhaft) voraussagen zu können, wie sich kurzfristig ein Aktienkurs entwickelt. Fahren Sie für mehrere Wochen in Urlaub und wollen sich in diesem Zeitraum nicht um Ihr Aktiendepot kümmern, bezieht sich die Kurzfristigkeit auf die Dauer Ihres Urlaubs.

Haben Sie ein ETF auf einen Börsenindex wie z. B. den DAX gekauft und rechnen Sie mit Kursrückgängen auf breiter Front, dann erteilen Sie eine Stop-Loss-Order für den Kurs dieses ETFs.

Was ist eine Stop-Loss-Order?

Eine Stop-Loss-Order wird wie ein normaler Wertpapierverkaufsauftrag erteilt. Die Besonderheit dabei ist, dass Sie bestimmen, bei welchem Kurs es höchste Zeit ist, dass das Wertpapier verkauft wird. Der Kurs für die Stop-Loss-Order liegt natürlich unter dem aktuellen Kurs.

Würde der Kurs für die Stop-Loss-Order über dem aktuellen Kurs liegen, wäre das ein klassischer Verkaufsauftrag. Denn Sie gehen dabei davon aus, dass der Kurs des Wertpapieres nicht über den Kurs steigt, zu dem Sie verkaufen wollen.

Beispiel:

Aktueller Kurs 100 Punkte, Stop-Loss-Order bei 90 Punkten.

Fällt der Kurs auf 90 Punkte oder darunter, wird das Wertpapier verkauft. Das bedeutet jetzt aber nicht zwangsläufig, dass Ihr Wertpapier bei genau 90 Punkten verkauft wird. Wollen viele Anleger dieses Wertpapier verkaufen, wenn sein Kurs herunterkracht, finden Sie vielleicht erst einen Käufer bei 88,6 Punkten.

Hinzu kommt noch, dass viele Anleger für Stop-Loss-Orders runde Zahlen benutzen.

Beispiel:

Die Chance ist größer, dass Anleger einen Stop-Loss-Kurs bei glatten 90 Punkten festsetzen als z. B. bei 90,2 Punkten. Nehmen Sie für einen Stop-Loss-Kurs eine krumme Zahl wie 90,2, ist die Wahrscheinlichkeit daher höher, dass die Aktie genau bei 90,2 verkauft wird. Bei einem Stop-Loss-Kurs mit einer runden Zahl wie 90 ist dagegen die Wahrscheinlichkeit geringer, dass Ihre Aktie genau bei 90 verkauft werden kann.

Die Stop-Loss-Order als Wunderwaffe?

Von vielen wird die Stop-Loss-Order als eine Art Wunderwaffe angepriesen. So einfach ist das natürlich nicht.

Abstand des Stop-Loss-Kurses zum aktuellen Kurs

Da die Kurse von Aktien ständig schwanken, liegt eine Baisse (Bärenmarkt) an der Börse nach allgemeiner Definition erst vor, wenn der Kurs vom Höchststand um 20 % abgetaucht ist.

Sie kaufen das Wertpapier zu einem bestimmten Kurs. Sind Sie zu diesem Zeitpunkt bereit, den Stop-Loss-Kurs 20 % unter dem Kaufkurs anzusetzen?

Oder der Kurs Ihres Wertpapieres ist gestiegen und liegt jetzt 20 % über dem Kaufkurs. Nehmen Sie dann die 20 % Kurssteigerung mit, indem Sie das Wertpapier verkaufen? Oder legen Sie den Stop-Loss-Kurs bei dem Kaufkurs fest? Letzteres würde bedeuten, dass sie im Zweifelsfall trotz (temporären) 20 % Kursgewinn keinen Gewinn bei dem Wertpapier gemacht haben. Wenn man mal von Bankgebühren absieht, hätten Sie dann mit diesem Wertpapier keinen Verlust gemacht, wenn tatsächlich genau zu dem Stop-Loss-Kurs verkauft werden würde, was aber nicht garantiert ist (siehe oben).

Viele empfehlen bei Standardaktien, die nicht so stark schwanken, einen Kursrückgang von 10 % zuzulassen. Diese 10 % sind aber genauso eine beliebige Zahl wie 9 % oder 11 %. Ein Kursrückgang von 10 % bedeutet bei einem Börsenindex, dass eine Börsenkorrektur stattgefunden hat. Das gibt es beim Börsenindex S&P 500 im Durchschnitt etwas mehr als alle 2 Jahre. Da das so selten vorkommt, stellt sich die Frage, ob man in so einem Moment die Börsenkorrektur nicht besser nutzt, um einen ETF auf einen Börsenindex zu kaufen, anstatt den ETF zu verkaufen.

Wenn die Sparbuchzinsen gleich null sind, wären dann nicht schon 5 % Kursgewinn toll, die man mitnehmen sollte?

Sie haben bei der Festsetzung des Stop-Loss-Kurses ein Entscheidungsproblem, bei dem Ihnen niemand helfen kann (siehe Kapitel „Niemand kann die kurzfristige Entwicklung von Aktienkursen vorhersagen").

Stop-Loss-Kurs etwas oberhalb der 200-Tage-Linie setzen

Die 200-Tage-Linie ist der Kursdurchschnitt aus den vergangenen 200 Handelstagen. Da viele Anleger sich an dieser Linie orientieren, besteht eine gewisse Wahrscheinlichkeit, dass relativ viele Anleger verkaufen, wenn der

Kurs unter die 200-Tage-Linie fällt. Da die 200-Tage-Linie sich ständig ändert, ist diese Art der Absicherung mit einem größeren Aufwand verbunden.

Natürlich können auch Konjunkturindikatoren ein Anlass sein, einen Stop-Loss-Kurs zu setzen (siehe oben).

Stop-Loss-Kurs nach oben anpassen

Haben Sie sich mehr oder weniger willkürlich für einen Abstand des Stop-Loss-Kurses zum aktuellen Kurs entschieden, ergibt es aber sicher einen Sinn, den Stop-Loss-Kurs nach oben zu ziehen, wenn die Aktie weiter steigt. Da der Abstand zum aktuellen Kurs willkürlich ist, können Sie ihn auch beibehalten.

Wie unbestimmbar das alles ist, zeigt die Tatsache, dass der Deutsche Aktienindex selbst während einer Baisse um bis zu 30 % steigen kann, um dann anschließend noch tiefer als zuvor zu fallen. Das war z. B. in der dreijährigen Baisse von 2000 bis 2003 der Fall. Diese Anstiege zogen sich monatelang hin. Sodass man alleine schon deswegen gar nicht das Gefühl einer Zwischenerholung hatte, sondern an eine echte Kurserholung glaubte.

Beispiel:

Höchstkurs 130 Punkte, Kurs fällt auf 90 Punkte, danach Zwischenerholung um 30 % auf 117 Punkte, nach der Zwischenerholung fällt der Kurs noch tiefer auf 85 Punkte.

Wie wollen Sie denn so ein Szenario in den Griff bekommen, bei dem unklar ist, ob die Zwischenerholung eine Zwischenerholung oder eine endgültige Verabschiedung von der Baisse ist.

Wenn Sie die Erfahrung gemacht haben, dass Sie nicht die Kraft haben, eine Aktie mit Verlust zu verkaufen, dann sollten Sie eine Stop-Loss-Order erteilen. Dann hilft ihnen die Stop-Loss-Order, denn die kennt keine psychologischen Barrieren. Allerdings müssen Sie auch dann eine Entscheidung über den aus Ihrer Sicht zulässigen Abstand des Stop-Loss-Kurses zum Kaufkurs. Mit anderen Worten: Wie hoch darf der Kursverlust in % sein? Bevor Sie versuchen, mit Hilfe einer Stop-Loss-Order die Reißleine zu ziehen?

Setzen Sie einen Stop-Loss-Kurs, damit Sie bei einem Kursrückgang noch einen Teil Ihrer Kursgewinne mitnehmen können, dürfte die Entscheidung für die Erteilung einer Stop-Loss-Order psychologisch einfacher sein.

Beispiel:

Kaufkurs: 100 Euro. Aktueller Kurs: 117 Euro. Natürlich möchten Sie, dass der Kurs über 117 Euro steigt, daher setzen Sie den Stop-Loss-Kurs nicht bei 117 Euro. Denn dann würde der Verkauf sofort stattfinden. Falls Sie mit einem Gewinn von 13 Euro zufrieden sein sollten, dann setzen Sie den Stop-Loss-Kurs bei 113 Euro in der Hoffnung, dass schon bei 113 Euro verkauft wird und nicht erst bei 112,80 Euro.

- Bei meiner Bank ist das Setzen und Löschen von Stop-Loss-Kursen übrigens kostenlos.

Die durchschnittlichen Verluste in % bei einem Einbruch der Aktienmärkte

Kursverluste von Börsenkorrekturen ohne Rezession in den USA im Durchschnitt	23,30 %
Kursverluste von Börsenkorrekturen mit Rezession in den USA im Durchschnitt	35,90 %
Kursverluste von 11 Bärenmärkten im S& P 500 im Durchschnitt	35 %
Kursverluste von 12 Bärenmärkten seit 1960 im DAX im Durchschnitt	40 %
Nur 3 Mal, und zwar 1929, 1974 und 2008 gab es in den USA Kursverluste von mehr als	50 %
zwischen 2000 und 2003 verlor der DAX	75 %

Tabelle 6 durchschnittliche Verluste in % bei einem Einbruch der Aktienmärkte

Sie verlieren als – im Gegensatz zu einer ausgefallenen Anleihe – nie (temporär) 100 %. Ein Totalverlust ist nicht möglich. Ein Totalverlust würde wahrscheinlich bei einem die Erde umspannenden Atomkrieg oder einer globalen Epidemie eintreten. Aber dann würden Sie wahrscheinlich auch nicht mehr leben oder auf Dauer nicht überleben.

Besonderheiten des Aktiencrashs von 1987

An einem Tag, dem 19. Oktober 1987, fiel der Dow Jones nicht vorhersehbar um 22,6 %. Das ist bis heute der höchste Tagesverlust in Prozent nach dem Zweiten Weltkrieg. Die US-Notenbank (FED) hatte damals die Leitzinsen von 4 % im mehreren Schritten auf über 7 % angehoben. Die Renditen 10-jähriger US-Anleihen lagen damals temporär bei 10 %.

Wer kauft denn bei einer US-Anleihen-Rendite von 10 % noch Aktien, wenn er sein Geld nicht in Dollar umtauschen muss?

Es hatte damals übrigens 15 Monate gedauert, bis der Dow Jones wieder sein altes Niveau erreicht hatte.

Wie oft Börsenkorrekturen vorkommen

Im S&P 500 gab es 36 Börsenkorrekturen seit dem Jahr 1950. Das bedeutet, dass man im Durchschnitt alle 2 Jahre eine Börsenkorrektur ertragen musste. (Quelle: Yardeni Research).

Es drängt sich jetzt die Frage auf, wie lange Börsenkorrekturen oder Baissen andauern.

Wie lange Börsenkorrekturen (Baissen) dauern

Wie lange dauert Börsenkorrekturen (Kursverlust mindestens 10 %) im Durchschnitt? Wie lange ziehen sich im Durchschnitt Baissen (Bärenmarkt, Kursverlust mindesten 20 %) hin?

Diese beiden Fragen sind besonders dann von Interesse, wenn Sie Kursverluste aussitzen müssen oder wollen.

Laut einer Studie von Goldman Sachs aus dem Jahr 2008 haben die Bärenmärkte (Baissen) der vergangenen 200 Jahre im Schnitt 32 Monate gedauert. Dabei gaben die Kurse im Durchschnitt um 36 % nach.

Hier aktuellere Zahlen:

Dauer von 36 Börsenkorrekturen (mindestens 10 %) im S&P 500 im Durchschnitt	196 Tage/6,5 Monate
Dauer einer Börsenkorrektur ohne Rezession in den USA im Durchschnitt	224 Tage/7,5 Monate
Dauer einer Börsenkorrektur mit Rezession in den USA im Durchschnitt	517 Tage/1,4 Jahre
Dauer von 11 Bärenmärkten im S&P 500 im Durchschnitt	400 Tage/13,2 Monate
Dauer einer Börsenkorrektur Dow Jones im Durchschnitt Jahre 1945 bis 2013	3,2 Monate

Tabelle 7 Dauer von Börsenkorrekturen und Bärenmärkten in den USA

*Daten sind von Motley Fool, Yardeni Research und Market Watch

Kursabstürze mit Rezession ziehen sich also länger hin als Kursabstürze ohne Rezession.

Bärenmärkte im DAX dauerten bis zum Jahr 2009 im Schnitt 21,5 Monate.

Das bedeutet aber, dass es eher unwahrscheinlich ist, dass eine Baisse z. B. nur 6 Monate dauert. Würden Sie dann nach 6 Monaten wieder in den Aktienmarkt einsteigen, wäre die Wahrscheinlichkeit recht hoch, dass Sie zu früh Aktien gekauft haben.

Laut einer Studie von Citigroup von 2008, dem Jahr des Börsencrashs, werden die Schätzungen bezüglich der Unternehmensgewinne in Europa bei einer Baisse im Durchschnitt 1,5 Jahre lang nach unten korrigiert.

Laut Motley Fool sind Börsenkorrekturen und Baissen im S&P 500 noch kürzer.

Börsenindex	Anzahl Börsenkorrekturen	Dauer der Börsenkorrektur
S&P 500	22	maximal 104 Tage
S&P 500	7	länger als 1 Jahr

Tabelle 8 Dauer von Börsenkorrekturen und Baissen im S&P 500

So oder so, sind das selbst für einen Rentner noch überschaubare Zeiträume (siehe auch Kapitel „Auch Rentner sparen noch und legen Geld an").

Ob eine Börsenkorrektur oder eine Baisse vorliegt, erfahren Sie ganz einfach aus den Medien. Alle berichten darüber.

Im Jahr 2008, also während des Aktiencrashs 2008, wies Commerzbank-Volkswirt Jörg Krämer daraufhin, dass Rezessionen in den USA im Durchschnitt 10 Monate dauern. Ungefähr so lange steigt dann auch die Anzahl der Arbeitslosen in den USA. Erfolgen Kündigungen in den USA erst während einer Rezession und sind dabei Kündigungsfristen zu beachten, steigt insoweit die Anzahl der Arbeitslosen zeitverzögert.

Börsenkorrekturen beim S&P 500 seit 1998

Hier eine Übersicht der Börsenkorrekturen beim S&P 500 seit 1998 (Quellen: Yardeni Research, Bloomberg).

Börsenindex	Jahr der Börsenkorrektur	Kursrückgang
S&P 500	1998	13 %
S&P 500	1999	12,1 %
S&P 500	2002-2003	14,7 %
S&P 500	2010	16 %
S&P 500	2011	19,4 %
S&P 500	2015	12,4 %
S&P 500	2015-2016	13,3 %
S&P 500	2018	10,2 %

Tabelle 9 Kursrückgänge bei den Börsenkorrekturen des S&P 500 seit 1998

In 20 Jahren gab es beim Börsenindex S&P 500 also 8 Börsenkorrekturen. Im Durchschnitt findet mehr als alle 2 Jahre ein Kursrückgang von über 10 % statt.

Da es sich um eine Tabelle mit Börsenkorrekturen handelt, sind die beiden Baissen seit 1998 in den Jahren 2000 bis 2002 (minus 49,1 %) und in den Jahren 2007 bis 2009 (minus 56,8 %) nicht enthalten.

Die einzelnen Börsenkorrekturen psychisch auszuhalten, ist schon Schwerstarbeit. Aber es ist fast schon unmöglich und unmenschlich von den Spekulanten zu erwarten, dass diese während der beiden Baissen durchgehalten haben und somit ihre Aktien nicht verkauft haben.

Kursrückgänge beim S&P 500 zwischen 5 % und 10 % finden im Durchschnitt 3 Mal im Jahr statt (Quelle: Capital Group). Dennoch war der S&P 500 in den letzten 41 Jahren (von 1978 bis 2018) 32 Mal am Jahresende im Plus.

Beim DAX war das in den letzten 41 Jahren übrigens 29 Mal der Fall.

Da niemand die kurzfristige Kursentwicklung von Börsenkursen vorhersagen kann, ist immer unklar, wann die Börsenkorrektur oder die Baisse beendet ist. Da man es nur mit viel Glück hinbekommt, Aktien zu einem absoluten Tiefpunkt zu kaufen, kauft man die Aktien am besten scheibchenweise.

Beispiel:

Sie haben 15.500 Euro zur Verfügung und gehen davon aus, dass der Kursabschwung beim DAX maximal 50 % beträgt. Dann könnten Sie z. B. so in einen ETF auf den DAX investieren. Bei einem Kursverlust von 10 % investieren Sie erstmal nur 500 Euro.

Kursverlust	Kauf von Aktien in Euro
10 %	500
20 %	1.000
30 %	2.000
40 %	4.000
50 %	8.000
Investitionssumme	15.500

Tabelle 10 Beispiel für Aktienkäufe während eines Kurssturzes

Mit dieser Scheibchen-Methode nähern Sie sich dem unbekannten, absoluten Tiefpunkt des DAX bei einer Börsenkorrektur oder einer Baisse an.

Wenn dann die Aktie oder der Börsenindex steigt, ergeben sich folgende Kursgewinne. Nach einem Kursverlust von 10 % wird wieder das alte Niveau erreicht. In diesem Fall haben Sie einen Gewinn von 50 Euro.

Kursverlust	Kauf von Aktien in Euro	Gewinn in Euro
10 %	500	50
20 %	1.000	250
30 %	2.000	1.000
40 %	4.000	2.680
50 %	8.000	8.000
	Gesamtgewinn	**13.480**

Tabelle 11 Kursgewinne, wenn das alte Kursniveau wieder erreicht wird

Entsprechend diesem Beispiel hätten Sie im besten Fall einen (Gesamt)Gewinn von 13.480 EUR (ohne Bankgebühren und Steuern) für ein paar Klicks beim Onlinebanking und viel Schwitzen. Man könnte Sie dann als einen Krisengewinner bezeichnen.

Bei dieser fiktiven Gewinnberechnung wurde berücksichtigt, dass nach einem Kursverlust der Kursanstieg in Prozent immer höher ist als der Kursverlust in Prozent (siehe das Kapitel „Kursanstieg in % muss größer sein als Kursrückgang in %").

Aktien als Schnäppchen

Besonders nach Börsenkorrekturen und Baissen sind Aktien „billig". Billig in dem Sinn, dass die Aktien weniger kosten als vor Börsenkorrektur oder vor der Baisse.

Für diejenigen, die sich gerne an KGVs (Kurs-Gewinn-Verhältnisse) orientieren. Auch die KGVs können herunterkrachen. Wegen des Aktiencrashs im Jahr 2008 fiel das KGV des DAX (Jahressicht) bis auf 7,6.

Es stellt sich die Frage, welche Aktien durch die Börsenkorrektur oder die Baisse zu sehr abgestraft worden sind. Welche Aktienkurse sind zu stark gesunken?

Da können Sie als Privatanleger natürlich Bilanzanalysen durchführen. Das können die Profis aber besser und schneller. Die benutzen eigens dafür entwickelte Programme dafür. Die arbeiten nicht mit Excel. Da sollte man – wie sonst auch immer bei Aktienspekulationen – demütig sein.

Hat keine Börsenkorrektur und Baisse stattgefunden, ist es als Privatanleger noch schwieriger, unterbewertete Aktien zu finden.

Ferner sagt der Chefanlagestratege der Commerzbank Oliver Schickentanz:

Es gibt kein Patentrezept, das die echten Schnäppchen von den falschen Schnäppchen separiert.

Folgt man dieser Aussage, können noch nicht mal die Profis Schnäppchen entdecken. Selbst Warren Buffet hat zugeben müssen, dass er für seinen Anteil an Kraft Heinz zu viel bezahlt hat. Der Börsenwert von Kraft Heinz hat sich, von August 2019 betrachtet, innerhalb eines Jahres mehr als halbiert. Denn der Aktienkurs sank von 61 Euro auf 26,50 Euro.

Aktien gibt es nur als Schnäppchen nach einer Börsenkorrektur und nach einer Baisse. Aber nicht deswegen, weil die Aktien dann optisch billig erscheinen. Sondern weil die bekanntesten und wichtigsten Börsenindices auf Dauer immer steigen (siehe Kapitel „Die wichtigsten und bekanntesten Börsenindices steigen auf Dauer immer"). Kaufen Sie nach einer Börsenkorrektur oder einer Baisse einen ETF auf einen Börsenindex, brauchen Sie damit keine Zeit damit zu verschwenden, nach Schnäppchen bei den im Börsenindex enthaltenen Aktien zu suchen.

Börsenkorrektur oder Baisse aussitzen

Haben Sie während einer Börsenkorrektur oder während einer Baisse kein Geld um Aktien zu kaufen, kann man nur hoffen, dass Sie sich es finanziell leisten können, die Börsenkorrektur oder die Baisse auszusitzen. Falls nein, hatten Sie nicht die Regel beachtet, dass man nur Geld in Aktien investieren sollte, dass man erstmal nicht braucht. Was „erstmal" bedeutet, ist unklar.

Die Sollvorgaben schwanken hier zwischen 5 und 12 Jahren. Dagegen sprechen die durchschnittliche Dauer von Börsenkorrekturen und Baissen (siehe oben) und die durchschnittliche Dauer von Kurserholungen (siehe unten).

Ferner wird dabei oft davon ausgegangen, dass Aktien mehr oder weniger auf dem Höhepunkt der Aktienkurse - kurz vor der Börsenkorrektur oder der Baisse - gekauft worden sind. Das ist aber genauso unwahrscheinlich wie der Kauf von Aktien zum Zeitpunkt des Tiefpunktes der Börsenkorrektur oder der Baisse.

Zudem kann es auch sein, dass sich Ihr Aktiendepot trotz Börsenkorrektur oder Baisse immer noch im Plus befindet. Auch das wird schon mal übersehen.

Beispiel:

Sie kaufen verschiedene Aktien für insgesamt 10.000 Euro. Der Wert Ihres Aktiendepots steigt auf Grund von Kursgewinnen und Dividenden auf 13.000 Euro. Wegen einer Baisse sinkt der Wert Ihres Aktiendepots um 20 %. Folglich hat Ihr Aktiendepot nur noch einen Wert von 10.400 Euro. Trotz der Baisse befindet sich Ihr Aktiendepot noch mit 400 Euro im Plus.

Natürlich war die Baisse trotzdem eine psychische Belastung. Zumal man für 3.000 Euro interessantere Dinge kaufen kann als für 400 Euro.

Ihre Reaktionszeit bei sinkenden Aktienkursen

Sie können autark handeln

Wie schnell können Sie auf sinkende Aktienkurse reagieren?
Die Beantwortung dieser Frage setzt zweierlei voraus. Sie möchten nicht warten, bis sich die Aktienkurse wieder erholen (siehe Kapitel „Wie lange Kurserholungen dauern"). Da nicht voraussehbar für Sie ist, bis wann die Aktienkurse wieder auf dem alten Niveau sind. Ferner belastet es Sie psychisch zu stark, wenn Ihr Aktiendepot noch weiter ins Minus rutscht oder bisher nicht realisierte Kursgewinne sich von Tag zu Tag mehr auflösen.

Die zweite Voraussetzung ist, dass Sie autark reagieren können. Sie verkaufen die Aktien per Onlinebanking. Sie sind dann nicht darauf angewiesen, dass Ihr Bankberater reagiert, nachdem Sie ihn in irgendeiner Art und Weise kontaktiert haben.

Sind beide Voraussetzungen gegeben, können nur Sie die Frage nach Ihren möglichen Reaktionszeiten beantworten. Die Beantwortung dieser Frage dürfte Ihnen nicht schwerfallen, da Sie von der Art Ihrer Tätigkeit abhängt.

Können Sie während Ihrer Arbeitszeit von Ihrem Arbeitsplatz aus Onlinebanking betreiben? Selbst wenn das grundsätzlich gehen sollte, nützt Ihnen diese theoretische Möglichkeit nicht viel, wenn Ihr Berufsalltag durch viele Meetings geprägt ist.

Können Sie während einer Dienstreise Onlinebanking betreiben? Befinden Sie sich während einer Dienstreise in einem Flugzeug, ist Ihnen diese Möglichkeit versagt. Aber vielleicht können Sie von einem

Autobahnparkplatz mit Ihrem privaten Laptop sich in Ihr Aktiendepot einloggen?

Letztendlich ist es nur sehr schwer vorstellbar, dass man während seiner Arbeitszeit in der gewünschten Schnelligkeit auf sinkende Aktienkurse durch Verkäufe reagieren kann.

Es besteht noch die Möglichkeit, dass Ihr haushaltsführender Partner mit einem Zugriff auf das Aktiendepot für Sie handelt. Das setzt wiederum voraus, dass Ihr haushaltsführender Partner daheim und erreichbar ist. Sind private E-Mails oder private Telefonate während der Arbeitszeit von Ihrem Arbeitgeber zugelassen? Irgendwie müssen Sie ja Ihren haushaltsführenden Partner mitteilen, dass Verkäufe zu tätigen sind.

Die eleganteste Methode ist, dass Sie außerhalb Ihrer Arbeitszeit bereits Stop-Loss-Kurse gesetzt hatten (siehe Kapitel „Die Stop-Loss-Order"). Zumal Sie dann auch genügend Zeit hatten, zu definieren, ab wie viel Prozent Kursrückgang Sie mit Ihrer Stop-Loss-Order einschreiten wollen.

Die Reaktionszeit wird in erster Linie durch Ihre Bank bestimmt

Hier lautet dann die Frage: Wie schnell kann Ihre Bank auf sinkende Aktienkurse reagieren?
Dies ist der Fall, wenn Ihre Bank Verkaufsorders oder Stop-Loss-Kurse für Sie in das IT-System eingibt.

Selbst wenn Sie während Ihrer Arbeitszeit schnell reagieren können, nützt Ihnen das nichts, wenn Ihr Bankberater z. B. den ganzen Tag in Kundengesprächen steckt.

Wie können Sie denn Ihren Bankberater anweisen?

Per Telefon? Sicher die bequemste Methode. Aber wenn zum Zeitpunkt Ihres Anrufs Ihr Bankberater in einem Kundengespräch ist oder außer Haus ist, werden Sie ihn nicht erreichen.

Per E-Mail? In der Zeit, in der Sie das E-Mail zusammenbasteln, hätten Sie auch per Onlinebanking auf die sinkenden Kurse reagieren können. Im Zweifelsfall werden Sie dann auch mit niedrigeren Gebühren belastet.

Per Fax? In diesem Fall ist der Aufwand noch größer als bei einem E-Mail.

Ich kenne sogar eine Bank, die verlangt, dass man für eine einzelne Transaktion (z. B. der Verkauf einer Aktie) mit dem Bankberater einen Termin vereinbart und zu diesem Termin die Bankfiliale aufsucht.

Unglaublich, aber wahr!

Eile ist geboten

Sie könnten jetzt argumentieren, dass es auf ein paar Stunden nicht darauf ankommt. Das ist grundsätzlich richtig.

Aber Sie verlieren ja schon Zeit bis Sie den allgemeinen Kursrutsch als Kursrutsch wahrnehmen. Sinkt der DAX an einem Tag um 0,5 %, wird das ja wohl jeder als eine normale Kursschwankung interpretieren.

Sinkt der DAX an einem Tag um 1,3 % und am nächsten Tag um 1,7 %, wird man sich schon eher Gedanken machen.

Dass der DAX innerhalb von 1 bis 2 Wochen um 5 bis 7 5 % sinkt, ist nichts Ungewöhnliches. Das ist kein Jahrhundertereignis! Je mehr Spekulanten Stop-Loss-Kurse gesetzt haben, umso schneller rauschen die Aktienkurse in den Keller.

Beispiel:

Aktueller Kurs; 100 Euro. 2 % Kursrückgang auf 98 Euro werden wahrscheinlich viele Spekulanten noch aushalten können. Aber je tiefer der Kurs sinkt, umso mehr Stop-Loss-Kurse gibt es. Auf Grund der Stop-Loss-Kurse der anderen Spekulanten wird die Aktie verkauft. Daneben gibt es natürlich noch Verkäufe ohne Stop-Loss-Kurse. Aber alleine die Stop-Loss-Kurse der anderen Spekulanten können dafür sorgen, dass der Kurs der Aktie noch schneller fällt. Der noch niedrigere Aktienkurs begegnet bei seinem Fall einer noch größeren Welle von Stop-Loss-Kursen. Hier kann sich also eine Eigendynamik entwickeln.

Viele empfehlen einen Stop-Loss-Kurs, 10 % unter dem aktuellen Kurs zu setzen. Das wäre dann bei diesem Beispiel ein Stop-Loss-Kurs bei 90 Euro.

Halten sich viele Spekulanten an diese Empfehlung, gibt es eine große Verkaufswelle bei 90 Euro.

Spätestens jetzt kommt wieder mal die Psychologie ins Spiel.

Können Sie einen Kursrückgang von 10 % psychologisch verdauen? Oder nur dann, wenn Sie bei 100 Euro bereits einen Kursgewinn von z. B. 8 % hatten? Ein Kursrückgang von 10 % bei einem Börsenindex entspricht einer Börsenkorrektur.

Hinzu kommt noch der Zeitfaktor. Verliert eine Aktie innerhalb vom einem Jahr gemütlich 10 % an Wert, macht das einen sicherlich weniger nervös, als wenn der Kurs der Aktie innerhalb von 5 Handelstagen direkt um 10 % sinkt. Der Verlust in Höhe von 10 Euro ist in beiden Fällen der Gleiche.

Je schneller der Kurs sinkt, umso eher hat man das Gefühl, dass man den sinkenden Kursen hinterherrennt. Rette sich wer kann! Eile ist geboten! Selbst wenn Sie so schnell wie möglich verkaufen, haben Sie eventuell bereits Kursverluste realisiert.

Beispiel:

Innerhalb von 5 Handelstagen, nämlich vom 30.7.2019 bis zum 5.8.2019, war der DAX in der Spitze bis um 6,6 % gefallen.

Hätten Sie es ausgehalten? Hatten Sie es ausgehalten?

Für einen Spekulanten, der solche Kursrückgänge psychisch aushalten kann, ist überhaupt keine Eile geboten. Da die Kurse von Börsenindices langfristig schon wieder steigen werden.

Übliche Kursgewinne/Kursverluste an einem Tag beim DAX

Vom Jahr 2010 bis zum Jahr 2016 stieg der DAX - abgesehen vom Jahr 2011 - im Vergleich zum Vorjahr jedes Jahr. Aktiencrashs wie die in den Jahren 2001/2002 und 2008 gab es nicht. Es handelte sich also um einen Zeitraum, in dem der Kurs des DAX relativ stabil war.

Laut einer Statistik von Statista gab es in dieser Phase an circa 30 % der Handelstage einen maximalen Kursverlust von minus 1 %. Da der DAX in diesem Zeitraum eher stieg als fiel, kletterte der DAX an circa 36 % der Handelstage maximal um 1 % nach oben. Somit hatten Day-Trader im DAX an circa 66 % der Handelstage mit kleinen Margen zu kämpfen.

Zum Vergleich: Kursverluste an einem Tag von 1 % bis 2 % und Kursgewinne an einem Tag von 1 % bis 2 % gab es jeweils an circa 4 % der Handelstage beim DAX.

Wie lange Kurserholungen dauern

Die Kurserholungen bei den Aktien beginnen im Durchschnitt 7 Monate, bevor die Rezession endet. Das hört sich nach leichter Handhabung an. Ist es aber nicht. Da niemand vorab den Zeitpunkt kennt, an dem die Rezession endet. Auch der Tiefpunkt der Aktienkurse ist nicht vorhersehbar und damit ist auch dieser Zeitpunkt unklar. Somit lassen sich diese 7 Monate weder zu einem Zeitpunkt hinzurechnen noch von einem Zeitpunkt abziehen.

Zudem sind fast alle Kurserholungen nach einer Baisse nicht V-förmig. Das bedeutet, innerhalb der Kurserholung gibt es auch Rückschläge bei den Aktienkursen.

Dennoch ist es interessant zu wissen, wie lange Kurserholungen dauern. Sowohl noch investierte Spekulanten als auch Spekulanten, die wieder in den Aktienmarkt einsteigen wollen, ist es nützlich, zu wissen, dass es sich um überschaubare Zeiträume handelt, bis die Aktienkurse wieder ihr Niveau vor der Börsenkorrektur oder vor der Baisse erreicht haben.

Vielleicht hilft dieses Wissen, gegen die Ungeduld anzukämpfen?

Für einzelne Aktien lassen sich keine vernünftigen Aussagen für die Dauer der Kurserholung treffen, da oft die Gründe für den Kurseinbruch einer Aktie zu unternehmensspezifisch sind.

Kommt es aber zu einer generellen Erholung nach einer Börsenkorrektur oder nach einer Baisse, kann man schon sagen:

Die Flut hebt (fast) alle Boote.

Hier zwei Beispiele für die Zeitdauer von generellen Kurserholungen:

Die 11 Bärenmärkte in den USA - Dauer der Erholung im Durchschnitt	22 Monate
Dauer der Erholung beim DAX nach der Baisse im Jahr 2008	6 Jahre

Tabelle 12 Zeitdauer von generellen Kurserholungen

Dabei wäre natürlich noch die Dauer der Börsenkorrektur oder der Baisse hinzuzurechnen.

Bei Kurserholungen ist darauf zu achten, ob diese Kurserholung auf Grund steigender Unternehmensgewinne zustande kommen oder ob ungeduldige Spekulanten nicht mehr länger auf ihrem frei verfügbaren Cash hocken bleiben wollen.

Wer abwartet, bis die Unternehmensgewinne wieder steigen, wird vom Endpunkt der Rezession aus betrachtet, zu spät in den Aktienmarkt einsteigen. Da viele Spekulanten schon 4 bis 6 Monate vor dem (vermeintlichen) Tiefpunkte einer Rezession Aktien kaufen. Dafür ist aber die Wahrscheinlichkeit größer, dass er nicht in eine Aktienkursblase einer noch nicht beendeten Rezession hineinstolpert.

Die 3 Tabellen (Dauer einer Baisse, die durchschnittlichen Kursverluste in % und die Dauer von Kurserholungen) können natürlich nur als grobe Orientierungspunkte gelesen werden. Z. B. Stellen nach dem Komma täuschen eine Pseudogenauigkeit vor.

Das können selbst für einen Rentner noch zu handhabende Zeiträume sein (siehe auch Kapitel „Auch Rentner sparen noch und legen Geld an").

Das Deutsche Aktieninstitut hat errechnet, dass in letzten 50 Jahre nach spätestens 12 Jahren jeder Spekulant, der auf den DAX gesetzt hatte, Gewinne erzielt hatte. Selbst wenn er den ungünstigsten Kaufzeitpunkt (aus Versehen) gewählt hatte.

Nach buchhalterischen Verlust die Aktie zum Einstandspreis verkaufen

Nehmen wir mal an, Ihre Aktie war 30 % im Minus und jetzt hat Ihre Aktie glücklicherweise wieder den Einstandspreis erreicht. Das bedeutet, den buchhalterischen Verlust von 30 % gibt es nicht mehr, Sie haben aber auch noch keinen Gewinn erzielt. Genaugenommen sind Sie wegen der Kaufgebühren noch leicht im Minus. Hinzu kommen noch die Gebühren für den noch nicht stattgefundenen Verkauf Ihrer Aktien.

Die „Psychologen" unter den „Experten" schreiben dann, man soll sich nicht auf den Einstandspreis fixieren. Alleine schon deswegen, weil nicht ausgeschlossen werden, dass der Kurs Ihrer Aktie noch weiter steigt.

Aber es doch menschlich verständlich, dass Sie die Aktie in so einer Situation verkaufen. Sie sind doch froh, dass Sie aus dieser Nummer noch heil rauskommen können?

Da niemand weiß, wie sich die Kurse kurzfristig entwickeln, kann Ihnen niemand vorwerfen, dass Sie diese Aktie zum falschen Zeitpunkt gekauft haben. Aus dem gleichen Grund haben Sie sich auch nichts vorzuwerfen, wenn Sie in einer solchen Situation zum Einstandspreis verkaufen. Sie konnten nicht wissen, dass Sie die Aktie zum falschen Zeitpunkt gekauft haben und Sie können auch nicht vorhersehen, ob der Kurs der Aktie weiter steigt.

Noch verbleibende Anlagejahre für Rentner in Deutschland und in den USA

Laut dem U.S. Center for Disease Control and Prevention beträgt die durchschnittliche Lebenserwartung für Frauen, die in den USA leben, circa 81 Jahre. Während die durchschnittliche Lebenserwartung für Männer in den USA bei circa 76 Jahren liegt. Wer dort mit 65 Jahren aufhört zu arbeiten, kann noch 11 bis 16 Anlagejahre vor sich haben.

Laut einer Studie der Prognos AG aus dem Jahr 2019, sieht die Situation für Rentner in Deutschland so aus:

Geburtsjahr	Renteneintrittsalter	Dauer Rentenbezug
1960	66	21 Jahre
1975	67	22 Jahre
1990	67	24 Jahre

Tabelle 13 Mögliche Dauer Rentenbezug in Deutschland

Wie Sie sehen, ist die Anzahl der möglichen Anlagejahre für Rentner in Deutschland noch höher als in den USA.

Natürlich handelt es sich hier um Durchschnittswerte. Das bedeutet, die eine Hälfte der Rentner stirbt früher und die andere Hälfte der Rentner stirbt später.

Beim Eintritt in den Ruhestand oder auch kurz danach müsste die restliche Lebenserwartung in der Regel locker ausreichen, eine Baisse und die daran anschließende Erholung der Aktienkurse aussitzen zu können. Zumal während einer Baisse Zwischenerholungen bis zu 30 % möglich sind.

Ich kenne einige, die während der Baisse 2008 das Handtuch geworfen hatten, indem sie Ihre Kursverluste realisiert hatten und heute noch leben. Die hätten heute eine Menge mehr Geld für Nichtstun und viel Schwitzen, wenn Sie damals nicht Ihre Aktien verkauft hätten. Lohn der Angst.

Geld, dass Sie die nächsten 15 Jahre nicht benötigen

Manche empfehlen Geld, dass man die nächsten 15 Jahre nicht braucht, voll in Aktien zu investieren. Doch wer kann denn schon im Voraus 15 Jahre planen? Das ist alleine schon deswegen schwierig, weil sich die Arbeitswelt immer schneller ändert und dadurch der momentane Arbeitsplatz immer unsicherer wird. Dass die Digitalisierung der Unternehmen genau so viel Arbeitsplätze schafft, wie sie vernichtet; davon bin ich nicht überzeugt. Die Chance, dass nach dem Eintritt in den Ruhestand auch noch in 15 Jahren Ihre Rente erhalten, ist wesentlich größer, als dass Sie in den nächsten 15 Jahren nicht einmal arbeitslos werden.

Kursanstieg in % muss größer sein als Kursrückgang in %

Wenn ein Kurs um XY Prozent fällt, muss anschließend der Kurs um mehr als XY Prozent steigen, damit das Niveau vor dem Kurseinbruch wieder erreicht hat.

Das kann einfach anhand dieser kleinen Tabelle gezeigt werden.

alter Kurs	neuer Kurs nach Rückgang	Kursverlust	erforderlicher Kursanstieg zur Kompensation des Kursverlustes
100	90	10 %	circa 11 %
100	80	20 %	25 %
100	70	30 %	50 %
100	60	40 %	circa 66 %

Tabelle 14 Asynchronität von Kursverlust und nachfolgendem, erforderlichem Kursanstieg

Diese Asynchronität kann mal als Argument für eine Stop-Loss-Order betrachten (siehe Kapitel „Die Stop-Loss-Order"). Denn je tiefer der Kurs fällt, umso größer muss der Kursanstieg in Prozent sein, damit der Kursverlust ausgeglichen wird.

Zeitdauer von Phasen mit steigenden Aktienkursen (Bullenmärkte)

Was bisher noch nicht erwähnt worden ist, dass Phasen von Kursanstiegen länger dauern als Phasen von Kursverlusten.

S&P 500	Dauer von 11 Bärenmärkten Im Durchschnitt 13,2 Monate
S&P 500	Dauer von 12 Bullenmärkten 1,8 bis 13,2 Jahre

Tabelle 15 Dauer von Bären- und Bullenmärkten im Vergleich

Der letzte Bullenmarkt dauerte von 2008 bis in das Jahr 2018 hinein. Im Dezember 2018 gab es gleichzeitig eine Börsenkorrektur beim DAX, beim Dow Jones, S&P 500 und beim Nasdaq Composite.

Laut Ned Davis Research ist seit 1854 die durchschnittliche Dauer der Bullenmärkte in den USA 40 Monate. Das sind 3,3 Jahre.

Hier andere Daten aus einer Berechnung des Guide to the Markets von J.P. Morgan Asset Management auch bezogen auf den Börsenindex S&P 500. Seit dem Crash von 1929 gab es zehn Baissen bei dem Börsenindex S&P 500.

S&P 500	Dauer der Baisse im Durchschnitt 21 Monate	durchschnittlicher Kursverlust 42 %
S&P 500	Dauer der Hausse im Durchschnitt 61 Monate	durchschnittlicher Kursgewinn 158 %

Tabelle 16 Vergleich Baissen und Haussen - Dauer und Kursentwicklung in Prozent

Bei einer Baisse hatte es Aktienkursverluste von mindestens 20 Prozent gegenüber dem bisherigen Markthoch gegeben.

Eine Hausse liegt bei einem Kursanstieg von mindestens 20 Prozent nach einem Markttief vor.

Die Daten in den beiden Tabellen sind nicht identisch. Das liegt daran, dass in den beiden Fällen der Blickwinkel etwas anders ist.

Wenn man will, kann man diese Fakten auch als Beleg dafür ansehen, dass der Börsenindex S&P 500 auf Dauer immer steigt. Sind die durchschnittlichen Kursgewinne fast viermal so hoch wie die durchschnittlichen Kursverluste, ist es nicht verwunderlich, dass der Börsenindex S&P 500 auf Dauer immer steigt.

Laut Capital Group dauern Baissen im Durchschnitt 14 Monate (1,16 Jahre) und Haussen im Durchschnitt 71 Monate (5,91 Jahre).

Wie Sie sehen spielt es keine Rolle, welche Quelle man heranzieht. Eine Hausse dauert im Durchschnitt viel länger als eine Baisse.

Der zufriedenstellende Kursgewinn

Wer auf einen steigenden Kurs wettet, für den gibt es keinen zufriedenstellenden Kursverlust. Bestenfalls gibt es einen zufriedenstellenden Kursgewinn. Bloß wie hoch soll der zufriedenstellende Kursgewinn in Prozenten oder als absoluter Betrag sein?

Diese Frage stellt sich bei dem Setzen von Stop-Loss-Kursen und bei dem Setzen von Verkaufskursen.

Wie gleich aufgezeigt wird, ist das ein weiteres psychologisches Problem. Den die Antwort auf die Frage, was ein zufriedenstellender Kursgewinn hängt davon ab, wie sich der Kurs der Aktie oder der Kurs des ETFs auf einen Börsenindex bisher entwickelt hat.

Beispiel:

Kaufkurs: 100 Euro. Aktueller Kurs: 117 Euro.

Bei den schon seit Jahren sehr niedrigen Zinsen für Sparbücher, für Termingelder bzw. für Festgeld müssten doch 17 % Kursgewinn zufriedenstellen sein?

Aber nicht, wenn der Kurs von 117 Euro erst nach 10 Jahren erreicht worden ist.

Nehmen wir ein anderes extremes Beispiel. Der Kurs ist richtig explodiert, weil er innerhalb von 2 Monaten von 100 Euro auf 117 Euro gestiegen ist. Vermutet man dann, dass der Kurs weiter steigt, ist man eigentlich mit 17 % Kursgewinn nicht zufrieden. Nur der bloßen Vernunft wegen setzt man dann einen Stop-Loss-Kurs z. B. bei 114 Euro. Dabei hofft man, dass man im Laufe der Zeit wegen Kurssteigerungen den Stop-Loss-Kurs schrittweise auf z. B. 120 Euro hochziehen kann.

Nehmen wir mal einen moderateren Kursverlauf an. Der Kurs steigt innerhalb von 2 Jahren von 100 Euro auf 117 Euro. Das bedeutet, dass der Kurs im Durchschnitt jedes Jahr um 8,5 % gestiegen ist. Sind Sie zufrieden? Falls ja, verkaufen Sie zu 117 Euro. Falls nein, können Sie darüber nachdenken, ob Sie einen Stop-Loss-Kurs z. B. bei 114 Euro setzen.

Unabhängig davon, ob Sie mit einem durchschnittlichen Kursgewinn pro Jahr von 8,5 % zufrieden sind, stellt sich die Frage, was Sie denn während der letzten 2 Jahre bezüglich dieses Wertpapieres unternommen haben?

Sie waren passiv und haben erst jetzt das Gefühl, bei einem Kurs von 117 Euro tätig werden zu müssen? Dann scheint ein durchschnittlicher, jährlicher Kursgewinn von 8,5 % für Sie zufriedenstellend zu sein.

Haben Sie den ersten Stop-Loss-Kurs z. B. schon bei 103 Euro gesetzt, dann scheint die bis zu diesem Zeitpunkt erreichte Verzinsung zufriedenstellend für Sie zu sein. Jeder zusätzliche Kursgewinn wäre dann wie ein Sahnehäubchen.

3 % Kursgewinn innerhalb von einem halben Jahr entsprechen immerhin einer jährlichen Verzinsung von 6 %.

Beispiel:

Kaufkurs: 100 Euro. Fast 2 Jahre lang lag der Kurs bei 80 Euro. Aktueller Kurs nach 2 Jahren: 101 Euro.

Sind Sie mit einem durchschnittlichen Kursgewinn von jährlich 0,5 % zufrieden? Falls ja, dann nur deswegen, weil der Kurs fast 2 Jahre bei 80 war und Sie daher froh sind, mit einem blauen Auge davongekommen zu sein.

Wäre der Kurs mal – wie bei dem Beispiel oben – bei 117 Euro gewesen, ist kaum vorstellbar, dass Sie danach mit diesem Kursgewinn zufrieden sind.

Von allen hier erwähnten Kursgewinnen sind natürlich ggf. noch Steuern und Verkaufsgebühren abzuziehen.

Für Kleinanleger: Der zufriedenstellende Kursgewinn als absoluter Betrag

Bei einem der Beispiele oben betrug der Kursgewinn nach 2 Jahren 17 Euro. Gäbe es keine Bankgebühren und gäbe es keine Alternativen, wären 17 Euro besser als nichts.

Am 2. August 2019 hatten von den 30 Aktien, die im DAX enthalten sind, hatten immerhin 19 Aktien einen Kurs, der unter 100 Euro lag. Das bedeutet, bei 19 DAX-Werten musste man weniger als 100 Euro bezahlen, um eine Aktie kaufen zu können. Dementsprechend niedrig sind die Dividendenzahlung und der absolute Betrag des Kursgewinnes. Allerdings erhöht das die Chance, dass beide steuerfrei sind, weil der Sparerpauschbetrag in Höhe von 801 Euro eventuell nicht ausgeschöpft wird. Auf der anderen Seite muss man sehr aufpassen, das Dividendenzahlung und der absolute Betrag des Kursgewinnes nicht durch die Bankgebühren aufgefressen wird. Der Preis einer Aktie ist also keine Investitionsschranke für Kleinanleger.

Ähnliches gilt für ETFs auf den DAX. Der Kurs eines ETFs für den DAX lag am 2. August 2019 bei 114,62 Euro. Ein Betrag, der eventuell auch noch von einem Kleinanleger gestemmt werden kann. Zudem bei ETFs in der Regel die Bankgebühren niedriger als beim Kauf und Verkauf von Aktien sind (siehe Kapitel „Die niedrigen Jahresgebühren bei ETFs").

Eine Anleihe dagegen kostet in der Regel mindestens 1000 Euro. Das gilt insbesondere für den Bereich der Mittelstandsanleihen.

Meines Erachtens gibt es keine zufriedenstellenden Kursgewinne. Es gibt nur Kursgewinne, mit denen man sich begnügt. Da niemand den absoluten Kurshöhepunkt kennt. Mit der schrittweisen Erhöhung des Stop-Loss-Kurses kann man dem nächsten Kurshöhepunkt näherkommen.

Warten auf eine Baisse, um Aktien günstiger kaufen zu können

Auf jeden Fall lohnt es sich nicht - wegen der langen Phasen von Kursanstiegen - darauf zu warten, bis wieder eine Baisse mit einem Kursverlust von 20 % eintritt. Damit dann die Aktienkurse für den Kauf von Aktien niedriger sind. Man wäre dann jahrelang am Aktienmarkt nicht investiert und würde mit dieser Strategie viel Geld verschenken (siehe auch Kapitel „Wenn Sie wichtige Handelstage versäumen").

Beispiel:

Sie kaufen 10 verschiedene Aktien, die im Börsenindex S&P 500 enthalten sind. Der Kaufpreis pro Aktie beträgt im Durchschnitt 100 Euro. Der Wert Ihres Aktiendepots steigt auf Grund von Kursgewinnen und Dividenden von 1000 Euro auf 1300 Euro. Wegen einer Baisse sinkt der Wert Ihres

Aktiendepots um 20 %. Folglich hat Ihr Aktiendepot nur noch einen Wert von 1040 Euro.

Der Durchschnittskurs Ihrer 10 Aktien ist wegen der Baisse auf 104 Euro gesunken. Ein Durchschnittskurs von 104 Euro ist aber immer noch höher als der damalige Durchschnittskaufkurs von 100 Euro.

Hat sich das Warten auf niedrigere Aktienkurse gelohnt? Ja, wenn Sie zwischenzeitlich die 10 Aktien zu einem höheren Durchschnittskurs von 104 Euro verkauft hatten.

Das Beispiel hinkt aber aus 2 Gründen etwas.

In meinem Beispiel bin ich von einem fiktiven Kursgewinn von 30 % ausgegangen. 30 % Kursgewinn sind aber im Vergleich zu einem durchschnittlichen Kursgewinn von 158 % bei einer Hausse im Börsenindex S&P 500 (siehe oben) herzlich wenig. Je höher der prozentuale Kursgewinn umso weniger kann eine Baisse die Aktienkurse unter die ursprünglichen Kaufkurse drücken.

Betrachtet man die durchschnittlichen Kursverluste von 42 % im Börsenindex S&P 500 müsste eine vorherige Kurssteigerung von mehr als 42 % ausreichen. Ganz so einfach kann man natürlich nicht rechnen, zumal auch der Kurstiefpunkt dem Spekulanten erst bekannt ist, nachdem dieser durchschritten wurde.

Das Warten auf eine Baisse, um Aktien günstig einkaufen zu können, wird sich in der Regel nicht lohnen. Weil wegen der zwischenzeitlich erfolgten Kurssteigerungen, einem die Aktienkurse davonrennen.

Sie könnten einwenden, dass Sie trotzdem auf die Baisse warten, da die Aktienkurse z. B. schon um 12 % gesunken sind. Es fehlen schließlich nur noch 8 % Kursverlust für eine Baisse.

Es kann aber niemand voraussagen, ob die Baisse dann tatsächlich (kurzfristig) kommt. Zumal es innerhalb einer Baisse immer wieder zu Kurserholungen kommen kann. Bei einer Baisse fallen die Aktienkurse nicht wie ein Stein um 20 %.

Aber Sie können natürlich darüber nachdenken, ob Sie bei einem allgemeinen Kursrückgang von 12 % scheibchenweise Aktien oder scheibchenweise einen ETF auf den jeweiligen Börsenindex kaufen.

Aber keine Regel ohne Ausnahme. Ein Börsenindex kann doch mal um 20 % oder mehr, wie ein Stein fallen.

Beispiel:

Der argentinische Börsenindex S&P MERVAL sackte am 12. August um über 35 % ab, weil aus Sicht der Spekulanten der falsche Präsidentschaftskandidat in Argentinien die Vorwahlen gewonnen hatte.

Im Gegensatz zu den argentinischen Aktien sind mir die wichtigsten US-amerikanischen Aktien bekannt. Ich kaufe keine Aktien von einer Region, deren Wirtschaft und deren wirtschaftliches Umfeld ich nicht kenne. Da ich nicht wusste, dass es für die argentinische Börse so wichtig ist, wer in Argentinien Präsident werden kann, bin ich für Spekulationen am argentinischen Aktienmarkt zu unwissend und daher ungeeignet.

Aktien mit hohen Dividendenrenditen

Die Sparbuchzinsen sind schon seit Jahren so niedrig, dass eine Dividendenrendite von z. B. 2,6 % attraktiv erscheint. Daher werden Aktien mit einer hohen Dividendenrendite von vielen angepriesen und im Internet sind Listen von Aktien mit hohen Dividendenrenditen leicht zu finden.

Leider wird dabei zu selten auf den Zusammenhang mit den Aktienkursen verwiesen.

Beispiel:

Was nützt Ihnen eine Dividendenrendite von z. B. 2,6 %, wenn der Kurs der Aktie stagniert? Dann doch lieber eine Aktie ohne Dividende, deren Kurs um 3 % gestiegen ist?

Die Besteuerung von Dividenden und Kursgewinnen

Je nach Wohnsitzland ist dabei noch die Besteuerung von Dividenden und Kursgewinnen zu beachten. In Deutschland unterliegen Dividenden und Kursgewinne bei Privatpersonen in der Regel der Abgeltungssteuer. Das bedeutet, dass der deutsche Staat trotz seiner zahlreichen Aufrufe zur privaten Altersvorsorge, Dividenden und Kursgewinne nicht besonders steuerlich begünstigt. Das ist widersprüchlich und unseriös. Insbesondere dann, wenn das in Aktien investierte Vermögen aus bereits versteuerten Quellen wie z. B. Lohn oder Gehalt stammt.

Noch unangenehmer ist die Situation, wenn bei ausländischen Aktien von der Bank ausländische Quellensteuer für die Dividenden einbehalten wird. Diese ausländische Quellensteuer kann bis zu 35 % betragen.

Beispiel

Ausländische Dividende: 100 Euro. Ausländische Quellensteuer: 35 %. Überweisung Dividende 65 Euro.

Besteht mit dem anderen Staat ein Doppelbesteuerungsabkommen, kann man sich eventuell die ausländische Quellensteuer (teilweise) per Antrag zurückholen. Manche Staaten wollen auf jeden Fall 15 % Quellensteuer behalten. Wenn dieser Antrag über die Depotbank eingereicht werden muss, wird die Depotbank in der Regel Gebühren für ihre Einschaltung verlangen. Für Kleinanleger lohnt sich dieses Verfahren in der Regel nicht. Ein mittlerer dreistelliger Erstattungsbetrag sollte es schon sein. So die Faustregel. Wohl dem, der in einem solchen Fall ein Fan von Bürokratie ist.

Da ist es bequemer, wenn man im Inland die gezahlte ausländische Steuer anrechnen kann.

Dann gibt es in Deutschland noch den lächerlichen Sparerpauschbetrag von zurzeit 801 Euro. In den Jahren 1993 bis 1999 lag der Sparerfreibetrag immerhin noch bei umgerechnet 3068 Euro. Hinzukam noch eine Werbungskostenpauschale von umgerechnet 51 Euro. Vor 1999 betrug die Spekulationsfrist für Kursgewinne lediglich sechs Monate. Heute sind Kursgewinne immer zu versteuern, unabhängig davon wie lange man die Aktie im Depot hatte. Es sei denn die Aktie wurde vor 2009 gekauft.

Man kann den Sparerpauschbetrag auch für Kursgewinne verwenden.

Beispiel:

Sie verkaufen eine Aktie und verwenden den Sparerpauschbetrag für den ausgezahlten Kursgewinn. Da Sie davon ausgehen, dass der Kurs dieser Aktie weiter steigt, kaufen Sie am gleichen Tag diese Aktie wieder. Steigt der Kurs dieser Aktie tatsächlich, können Sie nächstes Jahr wieder den Sparerpauschbetrag für den erzielten Kursgewinn verwenden.

Diese Methode setzt natürlich voraus, dass Verkaufs- und Kaufkosten geringer sind als die Steuerersparnis. Am besten fragen Sie bei Fragen zur Besteuerung immer Ihren Steuerberater. Ich bin kein Steuerberater.

Die unvorteilhafte Besteuerung von Dividenden und Kursgewinnen mag für die befriedigend sein, die bei einem Aktionär immer nur an den Zigarre rauchenden Kapitalisten denken.

Zusammenhang von hohen Dividendenrenditen und Aktienkursen

Eine Studie aus den USA zeigt auf, dass die Kurse von Aktien deren Dividenden regelmäßig erhöht werden, stärker steigen als andere Aktienkurse.

Wobei in vielen Fällen der Aktienkurs direkt nach der Ausschüttung erstmal ein bisschen runtergeht.

Eine höhere Dividendenrendite kommt nur zustande, wenn die Dividende prozentual stärker steigt als der Aktienkurs. Denn vereinfacht ausgedrückt ist die Dividendenrendite Dividende/Aktienkurs.

Ziel ist aber ein möglichst hoher Aktienkurs. Daher kann eine höhere Dividende nur Mittel zum Zweck sein.

Verschiedene Gründe für eine höhere Dividendenrendite

Wie bereits erwähnt, führt eine höhere Dividende tendenziell zu einem höheren Aktienkurs. Dennoch ist eine höhere Dividendenrendite nicht gleich Dividendenerhöhung.

Ein Unternehmen erhöht seine Dividende, weil sein Gewinn gestiegen ist.

Auch Aktienrückkäufe bewirken bei unverändertem Ausschüttungsvolumen eine höhere Dividendenrendite (siehe ggf. das Kapitel „Die Dividende pro Aktie steigt").

Auch eine Senkung der Körperschaftssteuer kann zu einer höheren Dividendenrendite führen. Indem die eingesparte Steuer (teilweise) in der Form höherer Ausschüttungen an die Aktionäre weitergereicht wird. Durch die höhere Ausschüttung erhöht sich bei gleichbleibender Anzahl der Aktien die Dividende pro Aktie.

Im Jahr 2018 gab es eine Senkung der Körperschaftssteuer in den USA.

Einer Studie aus dem Jahr 2019 zufolge wurden die Steuerersparnisse wie folgt verteilt:

- 61 % gingen als Ausschüttungen an die Aktionäre
- 20 % wurden für die Schaffung neuer Arbeitsplätze verwendet
- Zu 6 % profitierten die Arbeitnehmer mit schon bestehenden Arbeitsverhältnissen

Diese Studie untersuchte die Unternehmen, die im Börsenindex „Russel 1000" enthalten sind. Der „Russel 1000" setzt sich aus den 1000 größten US-Unternehmen zusammen. Diese haben einen Anteil von circa 90 % an dem gesamten Aktienkapital in den USA.

Kommt die „Dividendenerhöhung" allerdings durch einen Kurssturz zustande, nützt Ihnen eine solche höhere Dividendenrendite nichts.

Beispiel:

Kurs 200 Euro, Dividendenrendite 2,6 %

Kurssturz auf 100 Euro, damit Dividendenrendite 5,2 %

Dividenden kürzen oder streichen

Für Kursstürze gibt es fast immer wirtschaftliche Gründe. Für das Unternehmen stellt sich die Frage, was es in so einer Situation mit seiner Dividende machen soll. Schüttet das Unternehmen nach wie vor den gleichen Betrag an Dividenden aus, wirkt die Dividendenrendite dadurch optisch höher.

Wird die Dividende dann allerdings aus der Substanz eines Unternehmens bezahlt, kann es zu weiteren Kursverlusten kommen. Da den Ausgaben für die Dividenden keine entsprechenden Einnahmen gegenüberstehen. Geschieht das mehrere Jahre lang, wird das an der Börse nicht akzeptiert.

Das betroffene Unternehmen kann in so einem Fall natürlich auch die Dividende kürzen oder gar streichen. Das ist wirtschaftlich sinnvoller, als die Dividenden weiterhin in der glichen Höhe auszuschütten. Bloß wird das in der Regel so interpretiert, dass in so einem Fall die Unternehmenskrise nicht nur kurzfristig ist. Kommt es zu dieser Interpretation, senkt sich der Aktienkurs dieses Unternehmens noch weiter ab.

Ist die Dividendenrendite gemessen am Gewinn (nicht am Aktienkurs) gering, erhöht das die Chance, dass auch bei kleiner werdenden Gewinnen die Dividende in gleicher Höhe weiterbezahlt wird. Somit kommt es zumindest nicht wegen einer Dividendenkürzung oder gar einer Streichung zu einem Kursrückgang.

Dass Dividendenkürzungen oder Dividendenstreichungen zu Kursrückgängen führen, wird durch eine Studie über den amerikanischen Aktienmarkt bestätigt.

Bei dieser Studie wurde ein Zeitraum von 40 Jahren betrachtet und es stellte sich heraus, dass die Aktienkurse von Unternehmen, die ihre Dividenden kürzen oder streichen, sich überdurchschnittlich schlecht entwickelten.

- Scheint die Sonne, scheint die Sonne für Aktien mit hohen Dividendenrenditen noch heller.
- Verdunkelt sich der Himmel, wird es für Aktien mit hohen Dividendenrenditen noch dunkler.

Da aber Aktienindices aber langfristig steigen und nicht fallen (siehe Kapitel „Die wichtigsten und bekanntesten Börsenindices steigen auf Dauer immer") sind ETFs auf einen Börsenindex interessant. Bei einem ETF auf den DAX sind genügend viele Aktien mit einer hohen Dividendenrendite enthalten. Wird ein Unternehmen heruntergewirtschaftet, muss es den DAX verlassen und ist damit auch nicht mehr in dem ETF auf den DAX enthalten.

Beispiel:

Am 23. September 2919 musste ein Traditionskonzern wie Thyssenkrupp den DAX verlassen. Der Aktienkurs von Thyssenkrupp halbierte sich innerhalb eines Jahres. Stattdessen zog der Triebwerksbauer MTU in den DAX ein.

Es gibt sogar ETFs, die in ihrem Korb nur Aktien mit einer hohen Dividendenrendite haben.

Wer will, kann Dividenden als einen Puffer für Kursverluste betrachten. Ist eine Dividendenrendite von 2,6 % ausgeschüttet worden, darf der Kurs dieser Aktie ein bisschen sinken, damit man das Gefühl hat, es ist noch kein Verlust entstanden. In Deutschland muss dann aber der Aktienkurs um weniger als 2,6 % sinken, wenn auf die Dividende noch Abgeltungssteuer, Soli und eventuell noch Kirchensteuer zu zahlen sind.

Geben die Aktienkurse auf breiter Front noch, ist – soweit ersichtlich – durch keine Studie belegt, dass dann von dem allgemeinen Kurssturz Aktien mit hoher Dividendenrendite ausgenommen sind. Durch den Kurssturz steigt – wie bereits erwähnt – die Dividendenrendite.

Bei einem Tsunami ist kein Schiff groß genug, dass es nicht mit untergeht.

Der DAX ohne Dividenden

In dem Kurs des DAX sind die Dividenden, als wiederangelegte Dividenden, der im DAX enthaltenen Unternehmen einberechnet. Steht der DAX z. B. bei circa 11.650 Punkten, würde er ohne die einberechneten Dividenden nur bei circa 5.200 Punkten liegen. Das bedeutet, dass der DAX in den letzten

Jahrzehnten gar nicht so stark gestiegen ist, wie allgemein angenommen wird. Auf der anderen Seite zeigt dieses Beispiel die große Bedeutung von Dividenden.

Den Kursverlauf vom DAX ohne Dividenden (DAX Kursindex) kann man sich z. B. hier ansehen.

- https://www.boerse.de/indizes/DAX-Kursindex-/DE0008467440

Dort oder auch an anderer Stelle können Sie feststellen, dass der Kursindex des DAX im April 2015 einen höheren Stand als am 19. August 2019 hatte.

Selbst im Februar 2000 war der Stand des Kursindex vom DAX höher als 19. August 2019. Ohne Dividenden kommt der DAX also nicht vom Fleck. Die Kursentwicklung des Kursindex vom DAX ist im Vergleich zu den Kursindices Dow Jones, S&P 500 und MSCI World etc. völlig enttäuschend (siehe Kapitel „Entwicklung der wichtigsten und bekanntesten Börsenindices in den letzten 5 Jahren").

Trotzdem lagen ein 1/3 der Aktien des DAX im Mai 2019 in ausländischer Hand. Es ist zu befürchten, dass sich die ausländischen Anleger in Krisenzeiten eher heimischen Aktien zuwenden. So wie das bei den Aktiencrashs der Jahre 2002 und 2008 der Fall gewesen war.

Die Nifty Fifty

Statt auf die Aktien mit den bisher höchsten Kursgewinnen zu setzen, könnte man Aktien mit einem stetigen Dividenden- und Ertragswachstum kaufen. In den USA nennt man diese Gruppe von Aktien „Nifty Fifty". Nifty kann man mit „elegant" oder „schick" übersetzen. Es sollen die 50 besten US-amerikanischen Aktien sein. Da die „Nifty Fifty" die 50 besten US-amerikanischen Aktien sein sollen, ist das Grund genug, da mal genauer hinzuschauen.

Welche 50 Aktien, das zurzeit sind, können Sie hier nachlesen.

- https://en.wikipedia.org/wiki/Nifty_Fifty

Wikipedia verweist dort darauf, dass es keine offizielle Liste der „Nifty Fifty" gibt.

Da die Geschäftsmodelle der „Nifty Fifty" wegen Ihren stabilen Dividenden- und Ertragswachstum als verlässlich gelten, kaufen viele Spekulanten diese „sicheren" Aktien. Das führt dazu, dass die „Nifty Fifty" überdurchschnittlich hohes Kurs-Gewinn-Verhältnis (KGV)haben können. Das bedeutet, der Kurs der Aktie ist im Verhältnis zum Gewinn pro Aktie ziemlich hoch. Mit anderen Worten: Diese Aktien sind teuer.

Anfang der 70er Jahre des vergangenen Jahrhunderts hatte einige der „Nifty Fifty" ein KGV von über 50. Das war zu viel! Denn viele der „Nifty Fifty" halbierten Ihren Kurs anschließend. Eine sichere Aktienanlage entpuppte sich als Aktienspekulation.

Beispiel:

Der Aktienkurs von Coca-Cola reduzierte sich um 70 %.

Hätten Sie gedacht, dass der Aktienkurs von Coca-Cola um 70 % sinken kann? Cola wird doch immer getrunken. Das Rezept für Cola wurde damals nicht geändert, das Produkt Cola blieb das Gleiche.

Auch die Kurse von Xerox, Avon und Polaroid fielen um mehr als 70 %.

Polaroid hatte sogar ein KGV von 91, sodass es ein nettes Zahlenspiel ist, dass der Kurs von Polaroid damals um 91 % fiel.

Erst nach über 10 Jahren erreichten die „Nifty Fifty" ihre alten Kursniveaus.

Wenn die Aktienkurse schneller steigen als die Firmengewinne, können solche Kurseinbrüche immer wieder geschehen. Da hilft auch kein stabiles

Dividenden- und Ertragswachstums mehr. Wer damals voll auf die „Nifty Fifty" gesetzt hatte, hatte ein Klumpenrisiko, weil er nur sehr teure Aktien im Aktiendepot hatte. Wenn Sie besser schlafen möchten, vermeiden Sie bitte so ein Klumpenrisiko. Streuen Sie das Risiko. Kaufen Sie auch Aktien mit niedrigeren KGVs.

Nach einer amerikanischen Studie hatten die „Nifty Fifty" von 1972 bis 2001 geringere Kurszuwächse als der breiter aufgestellte Börsenindex S&P 500. In diesem Börsenindex gibt es nämlich nicht nur Aktien mit einem hohen KGV.

Von 2009 bis 2013 sollen die Nifty Fifty in etwa im Gleichschritt mit dem S&P 500 marschiert sein. Wie dem auch sei, einen ETF, der die Nifty Fifty abbildet, habe ich nicht gefunden. Vielleicht liegt es daran, dass nicht offiziell definiert ist, welche Unternehmen zu den Nifty Fifty gehören.

Wenn nach einen ETF auf die Nifty Fifty suchen sollten, dann achten Sie bitte auf den Unterschied zwischen Nifty Fifty und Nifty 50. Denn bei Nifty 50 investieren Sie in den indischen Aktienmarkt. Der Nifty 50 enthält die 50 größten, indischen Unternehmen. Die korrekte Bezeichnung vom Nifty 50 lautet Standard & Poor's CRISIL NSE Index 5. Der Kurs eines thesaurierenden ETFs auf den Nifty 50 ist in den letzten 5 Jahren um circa 70 % gestiegen.

Der Dow Jones Global Titans 50 Index der die 50 größten börsennotierten Unternehmen der Welt beinhaltet, ist so eine Art großer Bruder von den Nifty Fifty.

Das Kurs-Gewinn-Verhältnis (KGV) ist zu hoch

Die Meinungen gehen auseinander, wann der Fall vorliegt, dass ein KGV zu hoch ist. Das wird z. B. von der Branche abhängig gemacht. Wer so vernünftig ist und sein Aktienrisiko breit streut, müsste somit mit verschiedenen KGVs jonglieren.

Für einige, ist ein KGV von über 20 bereits hoch. Listet die Wirtschaftspresse Unternehmen mit einem hohen KGV auf, dann beginnen diese Listen so ab einem KGV von 25.

Das Ganze wird dann durch den Hinweis verwässert, dass Wachstumsunternehmen auch höhere KGVs haben dürfen.

Andere verweisen darauf, dass ein KGV von 30 in Ordnung ist, wenn für die nächsten 3 bis 5 Jahre ein Gewinnwachstum von 30 % bei diesem Unternehmen erwartet wird.

Am 8. August 2019 hatte der DAX übrigens ein KGV von 13,97. Zu einem Zeitpunkt, zu dem es kein Wirtschaftswachstum in Deutschland gab. Das BIP (Bruttoinlandsprodukt) schrumpfte um 0,1 % im zweiten Quartal 2019.

Selbst wenn man sich darauf einigen könnte, was ein hohes KGV ist, müsste man untersuchen, warum das KGV so hoch ist. Ist das KGV zu Recht so hoch? Mit solchen Untersuchungen entfernt man sich vom KGV, denn Bilanzanalyse ist dann angesagt. Außerdem müsste die Wettbewerbssituation des Unternehmens untersucht werden. Auch müsste man sich über zukünftige Produkte informieren (z. B. neue Automodelle). Viele andere Faktoren wie z. B. ein Personalwechsel in der Unternehmensspitze könnten noch zusätzlich berücksichtigt werden. Da kann man eine Menge Zeit investieren, ohne dass es eine Garantie dafür gibt, ob man hinsichtlich der Höhe des KGV am Schluss schlauer ist.

Zudem sagt das KGV nichts über die Dividendenrendite aus. Welchen großen Anteil Dividenden an Aktienkursen haben können, können Sie in dem Kapitel „Der DAX ohne Dividenden" nachlesen.

Auch wie schnell ein Unternehmen in der Vergangenheit gewachsen ist. Lässt sich aus dem KGV nicht erkennen. Erst recht kann auf Grund des KGV nicht vorhergesagt werden, wie sich der Aktienkurs dieses Unternehmens zukünftig entwickelt.

Halbiert sich der Gewinn bei gleichem Aktienkurs, verdoppelt sich das KGV. Das wird aber so in der Realität nicht in der Regel passieren. Denn bei einem seriösen Unternehmen wird der Halbierung des Gewinns eine Gewinnwarnung vorausgehen. Diese Gewinnwarnung drückt den Aktienkurs runter. Aber nicht gleich um 50 %. Schon gar nicht, wenn die Halbierung des Gewinns durch zukunftsträchtige Investitionen des Unternehmens verursacht worden ist. Zudem hat kein Unternehmen ein Interesse daran, dass der Kurs seiner Aktien um 50 % einbricht. Daher wird die Halbierung des Gewinns immer schöngeredet. Am einfachsten ist es, wenn man trotz der Gewinnhalbierung auf die goldene Zukunft des Unternehmens verweist und dass man sich in einem schwierigen Marktumfeld besser als die Wettbewerber schlägt. Alleine dadurch, dass negative Fakten beschönigt werden, wird das KGV verzerrt. Es gibt bei kursbewegenden Nachrichten keinen Gleichschritt von Kurs und Gewinn.

Zudem kann die Höhe des Gewinns bilanzpolitisch beeinflusst sein.

Den einzigen Schluss, den man bei einem sehr hohen KGV ziehen kann:

Viele Leute lieben diese Aktie bzw. das Unternehmen. Denn sonst wären keine Liebhaberpreise gezahlt worden.

Unter all diesen Umständen kann es nur eine zeitsparende und nervensparende Lösung geben.

Sie kaufen einen ETF auf einen Börsenindex. In einem Börsenindex sind Unternehmen mit einem niedrigen KGV und mit einem hohen KGV enthalten. Stürzt der Kurs einer Aktie wegen einem zu hohen KGV ab, wird dieser Kurssturz durch die anderen Aktien, die im Börsenindex enthalten sind, abgefedert. Sie befassen sich nicht mit KGVs.

Wenn eine Gruppe von Aktien, KGVs von 50 bis 70 erreicht, wie damals Ende 1989 der Nikkei 225 oder damals Anfang der 70er Jahre des vergangenen Jahrhunderts die „Nifty Fifty", erfahren Sie das rechtzeitig aus den Medien.

Man zieht dann schrittweise die Stop-Loss-Kurse hoch. Wobei es auch dann keine Regel gibt, wie groß in Prozent der Abstand zu den aktuellen Kursen sein soll (siehe Kapitel „Die Stop-Loss-Order").

Für diejenigen, die sich mit KGVs beschäftigen wollen, biete ich 2 Fundstellen an.

Hier können Sie die KGVs der DAX-Unternehmen finden:

- https://www.finanzen.net/aktien/kgv

Den KGV des DAX von 1980 ab, können Sie hier sehen:

- https://www.boerse.de/dax-kgv/

Im Übrigen werde ich den Verdacht nicht los, dass das KGV als Entscheidungskriterium deswegen so beliebt ist, weil es so leicht zu verstehen ist.

ETFs

Definition ETF

ETF heißt Exchange Traded Fund. Dieser Name bringt einen wahrscheinlich nicht viel weiter.

Ein ETF ist ein börsengehandelter Indexfonds, der in einen Korb von Wertpapieren investiert. Ist der Korb der DAX, dann bildet dieser ETF die Wertentwicklung des DAX ab.

John Bogle, der er Gründer der Indexfonds, soll einmal gesagt haben:

Man soll nicht die Nadel im Heuhaufen suchen, sondern gleich den ganzen Heuhaufen kaufen.

Ende 2018 gab es circa 6.500 ETFs in Europa. Dieses Buch bevorzugt ETFs auf Börsenindices. Für Anteile an dieses ETFs sind Verkäufer und Käufer leichter zu finden als für Spezialthemen-ETFs und für Exoten-ETFs. Zudem sind die Gebühren für ETFs auf Börsenindices in der Regel niedriger. Für diejenigen, die mit dieser Sichtweise nicht übereinstimmen, verweise ich auf das Kapitel „Den passenden ETF finden". Dort finden Sie mehrere URLs, die zu ETF-Datenbanken führen.

Den passenden ETF finden

Um neutral zu bleiben, empfehle ich weiterhin keine bestimmten ETFs. Denn damit würde ich auch eine bestimmte Fondsgesellschaft empfehlen.

Es ist aber trotzdem kein Problem, den passenden ETF zu finden. Denn im Internet gibt es sogenannte ETF-Finder. Hier eine Tabelle mit einigen der ETF-Finder.

ETF-Finder	Anzahl ETFs
https://www.etf.com/etfanalytics/etf-finder	2.285
https://de.extraetf.com/etf-search	1.611
https://www.onvista.de/etf/finder?etfType=	1.881
https://www.justetf.com/de/find-etf.html	1.396
https://www.boerse-online.de/etf/etf-finder	1.829
https://www.ariva.de/fonds/etf/suche	1.938
https://www.sbroker.de/wertpapiere/fonds/fondsfinder/etf-finder.html	1.779

Tabelle 17 Links zu ETF-Datenbanken

Die Reihenfolge der hier genannten ETF-Finder ist willkürlich. Da ständig neue ETFs kreiert werden, können sich die Zahlen in der Spalte „Anzahl ETFs" jederzeit ändern.

Obwohl jeder der ETF-Finder eine niedrige, vierstellige Zahl von ETFs in seiner Datenbank hat, habe ich keine ETFs zu den Stichworten „Nifty Fifty" (siehe Kapitel „Die Nifty Fifty") „FANG" (siehe Kapitel „Die FAANG-Aktien") und „FAANG" (siehe Kapitel „Die FAANG-Aktien") gefunden.

Natürlich können Sie auch Ihren Anlageberater nach einem passenden ETF befragen. Bei einem Bankberater laufen Sie Gefahr, dass er Ihnen nur die ETFs der Fondsgesellschaft seiner Bank empfiehlt.

Kosten für den Kauf eines ETF

Die Kosten für den Kauf eines ETFs werden durch die Bank oder den Broker bestimmt. Einen Onlinebroker Vergleich finden Sie z. B. hier:

- https://www.justetf.com/de/online-broker-vergleich/etfs-kaufen.html

Beim Kauf von Anteilen eines ETF tätigen Sie einen Kauf. Kaufen Sie aber 5 oder 6 verschiedene Aktien, sind das 5 oder 6 Kaufvorgänge. Bei jedem Kauf fällt eine Gebühr an. Werden diese 5 oder 6 Aktien später verkauft, sind 5 oder 6 Mal Verkaufsgebühren zu bezahlen.

Daneben kann noch eine Depotgebühr anfallen (siehe Kapitel „Kostenfreies Depot").

Die niedrigen Jahresgebühren bei ETFs

Der große Preisvorteil der ETFs liegt in der niedrigen Jahresgebühr (Verwaltungsgebühr). ETFs auf Börsenindices wie den DAX oder den S&P 500 oder den Euro Stoxx 50 sind schon für weniger als eine Jahresgebühr von 0,1 % zu haben.

In den USA gibt es sogar schon einige wenige ETFs ohne Jahresgebühr. Mal sehen, ob das ein Trend wird, der nach Europa herüberschwappt.

Dagegen ist bei Aktienfonds mit einer Verwaltungsgebühr pro Jahr von 0,8 % bis 3 % zu rechnen (Quelle: Deutsche Börse).

- https://www.boerse.de/grundlagen/fonds/Kosten-und-Gebuehren-bei-Fonds-5.

Hinzukommen kann beim Aktienfonds noch ein einmaliger Ausgabeaufschlag.

Bei Aktienfonds kann dieser einmaliger Ausgabeaufschlag bei bis zu 6 % liegen (Quelle: Deutsche Börse).

- https://www.boerse.de/grundlagen/fonds/Kosten-und-Gebuehren-bei-Fonds-5.

Die höheren Gebühren bei dem Kauf eines Aktienfonds müssen dann durch die höheren Kursgewinne des Aktionsfonds überkompensiert werden.

In der Tat schaffen es einige, wenige Fondsmanager jahrelang höhere Kursgewinne zu erzielen, als der jeweilige Index an Kurszuwachs zu verzeichnen hatte (siehe Kapitel „Wie viele Fondsmanager Ihren Index schlagen").

Bei den folgenden ETF-Findern können Sie die ETFs nach der Höhe der Jahresgebühr sortieren.

ETF-Finder	Name Jahresgebühr
https://www.etf.com/etfanalytics/etf-finder	Expense Ratio
https://de.extraetf.com/etf-search	TER
https://www.justetf.com/de/find-etf.html	TER in % p.a.
https://www.ariva.de/fonds/etf/suche	TER in % p.a.

Tabelle 18 ETF-Finder mit Sortiermöglichkeit für Jahresgebühr

Neben der Suche nach einem passenden und kostengünstigen ETF, die Kosten für das Depot zu minimieren.

Hier z. B. finden Sie einige Banken, die ein kostenloses Depot anbieten.

- https://www.girokontovergleich.eu/girokonto-mit-depot/

Dabei ist natürlich darauf zu achten, dass die Depotgebühr nicht indirekt z. B. über erhöhte Kauf- und Verkaufsgebühren erhoben wird.

Entwicklung der wichtigsten und bekanntesten Börsenindices in den letzten 5 Jahren

Ich erwähne hier nur die wichtigsten und bekanntesten Börsenindizes, deren ETFs daher auch gut handelbar sein sollten. Das bedeutet, Sie finden innerhalb der üblichen Handelszeiten jederzeit einen Verkäufer oder einen Käufer für das von Ihnen ausgewählte ETF auf einen der Börsenindices. Das mag sich vielleicht nach einer Selbstverständlichkeit anhören. Ist es aber nicht. Man schätzt, dass es weltweit circa 50.000 verschiedene Aktien gibt. Der Verband der Indexbranche IIA schätzt, dass es über 3,5 Millionen Indizes gibt. Obwohl es bestimmt nicht für jeden Index ein ETF gibt, ist diese Zahl unglaublich. Man fragt sich, wofür man so viele Indices braucht. Wenn Sie mit mehreren Aktien gleichzeitig spekulieren, bauen Sie sich im Grunde genommen Ihren eigenen Index zusammen.

Börsenindex	Anstieg in den letzten 5 Jahren	Indexart
DAX	über 50 %	Performanceindex
MDAX	über 80 %	Performanceindex
EURO STOXX 50	über 40 %	Kursindex
Dow Jones	über 70 %	Kursindex
S&P 500	über 60 %	Kursindex
Nasdaq 100	über 90 %	Kursindex
Nikkei 225	über 60 %	Kursindex
MSCI WORLD	über 50 %	Kursindex
Dow Jones Global Titans 50	über 60 %	Kursindex

Tabelle 19 Börsenindex - Performanceindex oder Kursindex

In Wirklichkeit war der Anstieg der Kurse, vom 6. August 2019 aus rückwärts betrachtet, noch höher. Ich habe die Prozentzahlen abgerundet, da der 6. August 2019 ein beliebiges Datum ist. Schaut man sich „die letzten 5 Jahre" z. B. 3 Monate früher oder später an, weichen die Prozentzahlen bestimmt im einstelligen Bereich von den Prozentzahlen vom 7. August 2019 ab.

Der Dow Jones Global Titans 50 Index beinhaltet die 50 größten börsennotierten Unternehmen der Welt.

Die dritte Spalte der Tabelle zeigt, wie dieser Index in der Regel in den Medien dargestellt wird.

In einem Performanceindex sind neben den Kurssteigerungen noch wieder angelegte Dividenden und Bezugsrechtserlöse enthalten.

Welchen Einfluss Dividenden auf die Kursentwicklung eines Börsenindex haben können, wird in dem Kapitel „Der DAX ohne Dividenden" erläutert.

Börsenindices, bei denen nur die Kurssteigerungen berücksichtigt werden, sind Kursindices.

Umso beeindruckender die Steigerungsraten der oben erwähnten Kursindices. Die Kursentwicklung des DAX als Performanceindex wirkt im Vergleich dazu mickrig. Daher wird in diesem Buch – obwohl es sich um ein deutschsprachiges Buch handelt – so oft auf amerikanische Börsenindices Bezug genommen.

Das damit verbundene potenzielle Problem der Fremdwährungsrisiken soll Ihr Anlageberater/Bankberater für Sie lösen.

Die höheren Steigerungsraten von Börsenindices außerhalb der Eurozone rechtfertigen die Überlegung, über den DAX und den MDAX hinauszuschauen.

Will man sich dem Fremdwährungsrisiko nicht ungeschützt hingeben, ist direkt oder indirekt mit zusätzlichen Kosten zu rechnen. Werden diese zusätzlichen Kosten von der vermuteten höheren Steigung des Börsenindex überkompensiert, kann man sich für einen ETF entscheiden, der einen Börsenindex außerhalb der Eurozone abbildet.

Die größte Risikostreuung hat sicherlich der MSCI WORLD Index.

Beispiel:

Gelingt der deutschen Automobilindustrie nicht die Wende zum Elektroauto, ist der DAX sicher stärker betroffen als der MSCI WORLD Index.

Die nervenschonendste Variante ist sicherlich einen ETF auf einen Börsenindex zu kaufen. Man muss dabei nicht die Kurse einzelner Aktien beobachten. Auch ein Kurssturz bei einem ETF auf einen Börsenindex lässt sich psychologisch leichter verdauen. Denn der Kurssturz betrifft dann nicht nur eine einzelne Aktie, sondern eine ganze Bandbreite von Aktien. Nämlich die Aktien, die in dem Börsenindex enthalten sind.

Geht der ETF in die Knie, der den MSCI WORLD Index abbildet, gibt es sicher länderübergreifende, wirtschaftliche Probleme bzw. werden solche befürchtet. Wenn die Kurse vieler oder fast aller Aktien sinken, ärgert man sich bestimmt weniger, als wenn nur der Kurs der einen ausgewählten Aktie einbricht. Die man womöglich noch mit Hilfe aufwendiger Bilanzanalysen ermittelt hatte.

Insgesamt haben sich alle oben erwähnten Börsenindices so gut entwickelt, dass Aktien als Beimischung für die Altersvorsorge gekauft werden können (siehe Kapitel „Aktien als Altersvorsorge").

ETF auf Kurs- oder Performanceindex bei gleichem Börsenindex

Bei einem ETF, der einen Börsenindex abbildet, geht aus der Beschreibung des ETFs hervor, ob er den Börsenindex als Performanceindex (thesaurierend) oder als Kursindex (ausschüttend) abbildet.

Bildet der ETF, den Börsenindex als Kursindex ab, werden die Dividenden abzüglich der Steuern auf die Dividende an den Käufer des ETF ausgeschüttet bzw. überwiesen.

Bildet der ETF, den Börsenindex als Performanceindex ab, werden die Dividenden abzüglich der Steuern auf die Dividende, in den ETF „eingezahlt". Der Kurs des ETF steigt dadurch grundsätzlich. Der Käufer des ETF erhält keine Dividendenausschüttungen. Mangels Ausschüttung kommt es dann zu einer Steuerstundung, die durch eine einer Vorabpauschale reduziert wird. Muss dann der gestundete Steuerbetrag in einem Jahr nachgezahlt werden, in dem der Sparerpauschbetrag von 801 Euro bereits ausgeschöpft ist, ist das schlecht.

Bei gleichem Börsenindex erzielt der ETF, der den Börsenindex als Performanceindex abbildet, auf Dauer höhere Kursgewinne, als sein Bruder-ETF, der den Kursindex abbildet. Aber dafür haben Sie keine Ausschüttungen erhalten. Das kann aber einen Sinn ergeben, wenn Kursgewinne nicht zu versteuern sind, aber Ausschüttungen schon. Was aber in Deutschland nicht der Fall ist. Sollte dieser Aspekt für interessant sein, wenden Sie sich bitte an Ihren Steuerberater.

Wem über 5 Jahre lang über 8 % Kursgewinn pro Jahr nicht gut genug sind (siehe oben die Tabelle), den kann ich auf das Kapitel „Sehr erfolgreiche Spekulanten" verweisen.

Wie viele Fondsmanager Ihren Index schlagen

In diesem Kapitel wird der Prozentsatz der Fondsmanager genannt, die mit ihrer Konzentration auf einzelne Aktien höhere Kursgewinne hatten als der Index, in dem diese Aktien enthalten sind.

Studie	besser als der Börsenindex
Rick Ferri und Alex Benke	10 bis 17 % der Fondsmanager
S&P Global Jahr 2017	12 % der Fondsmanager, S&P 500, über einen Zeitraum von 5 Jahren
Standard & Poor's von Mitte 2018 betrachtet	12 % der Fondsmanager in den letzten 15 Jahren, S&P 1500 Composite Index
Standard & Poor's von Mitte 2018 betrachtet	8 % der Fondsmanager Large-Cap-Aktienfonds, S&P 500
e-fundresearch	10 % der Fondsmanager in 3 Jahren, S&P 500

Tabelle 20 Wie viele Fondsmanager Ihren Index schlagen

Die Überrendite der ETFs nimmt mit der Länge des betrachteten Zeitraums zu. Die Studie von Rick Ferri und Alex Benke:

Probabilities for a single manager outperforming a comparable index fund were 42% in 1 year, 30% in 5 years, 23% in 10 years, and 12% in 25 years. The probabilities for three managers outperforming an index fund were 32% in 1 year, 18% in 5 years, 11% in 10 years, and 3% in 25 years. The probabilities for five managers outperforming an index fund were 25% in 1 year, 9% in 5 years, 6% in 10 years, and 1% in 25 years.

Dass Fondsmanager den Börsenindex nicht übertreffen können, liegt teilweise auch an den Gebühren der Fondsmanager (siehe Kapitel „Die niedrigen Jahresgebühren bei ETFs").

Die Studie von Rick Ferri und Alex Benke können Sie hier übrigens hier finden.

- https://d9l6g2vjiqrcr.cloudfront.net/documents/BMT-PS_Whitepaper.pdf

Die Studie von e-fundresearch steht Ihnen hier zur Verfügung.

- https://e-fundresearch.com/funds/artikel/20919-die-besten-us-large-cap-fonds

Einen ETF auf einen Börsenindex oder einzelne Aktien kaufen?

Im Grunde genommen ist diese Frage schon mit dem Kapitel „Wie viele Fondsmanager Ihren Index schlagen" beantwortet worden. Unabhängig davon, ob Sie dem zustimmen oder nicht zustimmen, gibt es natürlich noch weitere Argumente zugunsten von ETFs, die einen Index abbilden.

Der Beobachtungs- und Analyseaufwand bei einem ETF auf einen Börsenindex geringer. Hier muss man nur die gesamtwirtschaftliche und die geopolitische Lage beobachten. Kaufe ich dagegen Aktien von einem bestimmten Unternehmen,

- muss ich ständig nach Informationen über dieses Unternehmen suchen,
- die Bilanz von diesen Unternehmen auswerten,
- den Markt beobachten, in dem das Unternehmen arbeitet,
- etc.

Das ist mir zu viel Aufwand. Zumal ich trotz dieses Aufwandes nicht verhindern kann, dass die Kurse von anderen Unternehmen in diesem Börsenindex sich besser entwickeln als der Aktienkurs des Unternehmens, von dem ich Aktien gekauft habe.

Sie haben bei ETFs auf einen Börsenindex eine breitere Risikostreuung, als wenn Sie z. B. 5 oder 6 verschiedene Aktien kaufen. Erst recht, falls Sie beabsichtigen sollten, 5 oder 6 verschiedene Aktien von Unternehmen der gleichen Branche zu kaufen.

Ferner sind die Gebühren in der Regel niedriger, wenn Sie beim Kauf eines ETFs auf einen Börsenindex einen Kauf tätigen, als wenn Sie 5 oder 6 Käufe für verschiedene Aktien vornehmen.

Trotz der geringen Anzahl der Fondsmanager, die ihren Index mit ausgewählten Einzelaktien schlagen, lässt sich natürlich nicht ausschließen, dass Sie mit dem Kauf von einzelnen Aktien höhere Kursgewinne erzielen als mit dem Kauf eines ETFs auf einen Börsenindex (siehe das Kapitel „FAANG-Aktien" und das Kapitel „6 starke deutsche Aktien").

Aktien– und ETF-Sparpläne

Aktien– und ETF-Sparpläne verhindern sprunghafte Aktienspekulationen. Regelmäßige, monatliche Käufe werden getätigt, unabhängig von Ihrer seelischen Verfassung. Positive oder negative Gefühle spielen keine Rolle.

Sie müssen sich über den Kaufzeitpunkt und den aktuellen Kaufkurs keine Gedanken machen. Fühlen Sie sich generell beim Kauf von Aktien unsicher, wird diese Unsicherheit durch den Automatismus des Sparplans verringert.

Es wird einfach regelmäßig jeden Monat gekauft. Da niemand die kurzfristige Entwicklung von Aktienkursen vorhersagen kann, haben Sie hier kein größeres Risiko als beim sporadischen Kauf von Aktien oder ETF-Anteilen.

Einen Aktiensparplan für eine einzelne Aktie ist nicht zu empfehlen, da hier keine Risikostreuung vorliegt. Ganz anders bei einem ETF auf einen Index wie z. B. den DAX, der Aktien von 30 verschiedenen Unternehmen enthält.

Cost-Average-Effekt

Bei solchen Sparplänen wird immer auf den sog. Cost-Average-Effekt hingewiesen.

Beispiel:

Sie haben 1000 Euro für den Kauf einer Aktie zur Verfügung. Sie können jetzt einmalig 1000 Euro für den Kauf dieser Aktie investieren. Oder Sie kaufen diese Aktie jeden Monat, bis die 1000 Euro verbraucht sind,

Am Anfang kostet die Aktie 25 Euro. Danach schwankt der Kurs der Aktie zwischen 25 Euro und 28 Euro. Am Ende nach 40 Monaten haben Sie für die Aktie im Durchschnitt 26 Euro bezahlt.

Hätten Sie gleich zu Anfang für 1000 Euro 40 Aktien gekauft, hätten Sie im Durchschnitt nur 25 Euro bezahlt.

Was zeigt dieses Beispiel? Je größer die Kursschwankungen, umso eher werden die Kursschwankungen durch den Cost-Average-Effekt geglättet.

Ferner ist der erste Kaufzeitpunkt für diese vergleichende Berechnung sehr wichtig. Fällt der Kurs nie mehr unter den Kurs des ersten Kaufzeitpunktes – wie in diesem Beispiel - ist der Einmalkauf immer besser.

Bei einem ETF-Sparplan auf einen Index wie z. B. dem DAX kommt noch folgendes hinzu. Ein Börsenindex steigt auf Dauer immer. Je länger die Dauer des ETF-Sparplans ist, umso größer ist daher die Wahrscheinlichkeit, dass der Preis für einen ETF-Anteil mit der Zeit steigt. Damit einhegend steigt der Durchschnittspreis. Auch auf diese Art und Weise kann der Durchschnittspreis am Ende der Laufzeit des Sparplans über dem Preis der Einmalanlage liegen.

Es gibt noch viele, weitere Konstellationen, bei denen die Einmalanlage besser ist als der Sparplan. Wer in dieses Thema tiefer einsteigen will, kann sich hier eine Studie der Universität Mannheim kostenlos als PDF-Datei herunterladen.

https://madoc.bib.uni-mannheim.de/2781/

Dennoch halte ich Sparpläne für eine ernstzunehmende Alternative.

Bei dem Beispiel oben, wurde einfach unterstellt, dass Ihnen bereits zu Beginn des Sparplans der Betrag für den gesamten Sparplan zu Verfügung steht (1000 Euro). Das muss insbesondere bei Kleinanlegern nicht immer der Fall sein. Stehen Ihnen die 1000 Euro nicht zur Verfügung, gibt es die Einmalanlage als Alternative nicht. In diesem Fall ergeben alternative Berechnungen (in die Zukunft hinein) erst recht keinen Sinn.

Ferner wird bei diesen alternativen Berechnungen unterstellt, dass Sie bei der Einmalanlage die Aktie oder den ETF solange im Depot halten, bis der Sparplan beendet wäre.

Das ist aber aus mindestens 2 Gründen unrealistisch. Sie haben die Einmalanlage getätigt, um Kursgewinne zu erzielen. Das ist das Ziel der Einmalanlage. Ist Ihnen das vor dem Ende der Laufzeit des Sparplans nach Ihren subjektiven Vorstellungen gelungen, verkaufen Sie die Einmalanlage. Schließlich ist nicht das Ziel, der mögliche Beweisantritt am Ende der Laufzeit des Sparplans, dass die Einmalanlage profitabler als der Sparplan war. Ein möglichst hoher Kursgewinn ist doch wichtiger als eine mögliche Rechthaberei?

Geht der Wert Ihrer Einmalanlage vor dem Ende der Laufzeit des Sparplans in die Knie, ist es unrealistisch anzunehmen, dass niemand die Einmalanlage vor dem Ende der Laufzeit des Sparplans verkauft.

Außerdem müsste man bei dieser vergleichenden Berechnung noch die Gebühren der beiden Alternativen mit einbeziehen. Ferner wäre noch die während der Laufzeit des Sparplans eingetretene Inflation mit einzuberechnen. 25 Euro am Ende der Laufzeit des Sparplans sind sicher weniger wert als 25 Euro am Anfang der Laufzeit des Sparplans. Alleine die Inflation könnte einen kleinen Vorteil der Einmalanlage auffressen.

Da Ihnen niemand garantieren kann, dass ein Sparplan profitabler ist als die Einmalanlage, kann man den Sparplan nicht wegen des Cost-Average-Effektes empfehlen. Aber man kann ihn aus psychologischen Gründen empfehlen.

Sie müssen sich nicht für die Einmalanlage keinen günstigen Zeitpunkt aussuchen. Da niemand die kurzfristige Entwicklung vorhersehen kann, können Sie schon mal hier einen ersten Frust vermeiden. Sie fangen einfach mit dem Sparplan zu einem beliebigen Zeitpunkt an. Die Glättung der

Kursschwankungen wirkt sicher beruhigend. Erst recht wenn der Kurs oder die Kurse über einen längeren Zeitraum fallen. Sie kaufen schließlich immer preiswerter ein. Sollten die Kurse während der Laufzeit des Sparplans (fast) immer steigen, haben Sie mit dem Sparplan einen kleineren Gewinn erzielt als mit der Einmalanlage. Dass wäre dann der Preis dafür, dass Sie sich während der Laufzeit des Sparplans mit dem Sparplan sicherer gefühlt haben als mit der Einmalanlage. Das bedeutet, Sie haben einige Unsicherheiten in den Griff bekommen.

Nach einer Börsenkorrektur oder eine Baisse könnte man daran denken, neben dem ETF-Sparplan noch einige zusätzliche ETF-Anteile zu kaufen. Oder der Risikostreuung wegen, kauft man ETF-Anteile von einem ETF auf einen anderen Börsenindex.

Das setzt natürlich voraus, dass der Sparplan nicht so stramm zugeschnitten ist, dass neben den üblichen Konsumausgaben des Haushalts und dem ETF-Sparplan keine Luft für zusätzliche Ansparungen ist. Etwas Luft neben dem Sparplan sollte generell vorhanden sein. Ein Auto oder eine Waschmaschine können jederzeit kaputtgehen.

Für Kleinanleger: Die monatliche Mindestsparrate bei ETF-Sparplänen

Für Kleinanleger kann ich darauf verweisen, dass bei einigen ETF-Anbietern die Mindestsparrate bei 25 Euro liegt. Daher oben auch das Beispiel mit 25 Euro.

Wer nicht für Aktienspekulationen geeignet ist

Bei diesem Kapitel geht es nicht darum, ob jemand genügend Geld für Aktienspekulationen hat. Das Fehlen von Geld ist keine Frage der Eignung.

Wie sich bisher aus diesem Buch ergeben hat, steigen Indizes wie der DAX, der Dow Jones, S&P 500 etc. langfristig betrachtet immer.

Bleiben wir erstmal bei dem positiven und einfachen Fall, dass Sie eine Aktie mit Gewinn verkaufen. Steigt dann der Kurs dieser Aktie nach dem Verkauf weiter, ärgern Sie sich dann, dass Sie zu früh verkauft haben?

Falls ja, haben Sie trotz eines Kursgewinnes negative Gefühle. An sich sollte man sich aber bei einem Erfolgserlebnis freuen.

Hinzukommen könnte noch der Ärger, dass man nicht mehr Geld in diese Aktie investiert hatte. Denn dann wäre der Gewinn größer ausgefallen.

Das gleiche Problem haben Sie auch bei anderen Wetten.

Sie setzen 50 Euro beim Roulette auf Rouge und gewinnen. Hätten Sie 100 Euro investiert, hätten Sie einen größeren Roulette-Gewinn eingesackt.

Psychologisch viel schwieriger ist die Situation, wenn der aktuelle Kurs der Aktie unter dem Kaufkurs liegt.

Um wie viel Prozent darf der aktuelle Kurs der Aktie unter dem Kaufkurs liegen, damit es Ihnen deswegen die Tageslaune nicht vermiest? Wie lange darf dieser Zustand anhalten, damit Sie diese nicht realisierten Verluste mit guter Laune aushalten können?

Wie dieses Buch aufgezeigt hat, sind in der Regel Kurseinbrüche nicht vorhersehbar. Das heißt, dass diese Kursverluste aus Ihrer Sicht unerwartet aufgetreten sind. Denn sonst hätten Sie die Aktie wohl vorher verkauft?

Treten zudem bei Ihnen noch Schlafstörungen wegen der nicht realisierten Kursverluste auf?

Das alles können Sie an sich selber beobachten. Da brauchen Sie keinen Anlageberater oder gar einen Psychologen dafür.

Falls Sie solche nicht realisierten Kursverluste ausblenden können, sind Sie grundsätzlich für Aktienspekulationen geeignet.

Ansonsten stellt sich die Frage nach Ihrer Leidensfähigkeit und Ihrer Geduld. Beides hat mit überdurchschnittlicher Intelligenz nichts zu tun. Verkaufen Sie dann die Aktie mit Verlust, weil Sie es nicht mehr aushalten, sind Sie meines Erachtens nicht dumm. Ganz im Gegenteil kann man sagen, dass Sie so vernünftig waren, dass Sie Ihr Leiden beendet haben. Lieber ein Ende mit Schrecken als ein Schrecken ohne Ende.

Bei einer einzelnen Aktie kann man hier nicht grundsätzlich von einer fehlenden Eignung reden. Schließlich kann das Unternehmen so heruntergewirtschaftet sein, dass man sich so früh wie möglich von der Aktie trennen sollte.

Haben Sie aber in so einer solchen Situation einen ETF auf einen Index verkauft, kann man das anders betrachten. Den ein Index der z. B. 30 Werte umfasst, lässt sich nicht herunterwirtschaften. Kommt es hier zu Kursverlusten, liegt eine Rezession oder ein Krieg oder eine Pandemie vor. In den beiden letztgenannten Fällen können Sie ggf. froh sein, dass Sie noch leben und Sie beschäftigen sich bestimmt mit anderen Dingen als der Börse. Ferner gibt es noch einen weiteren Unterschied zu einer Einzelaktie. Wird ein Unternehmen heruntergewirtschaftet, fliegt es aus seinem Index heraus und wird durch ein zukunftsträchtigeres Unternehmen ersetzt. Das bedeutet, dieses schlechte Unternehmen belästigt den ETF auf den Index nicht mehr.

Diejenigen, die während der Kurseinbrüche der Jahre 2000/2008 einen ETF auf einen Index verkauft haben, haben aus heutiger Sicht prozentual betrachtet, viel Geld verloren. Denn Indices wie der DAX, der Dow Jones, der S&P 500 sind seitdem kräftig gestiegen. Wer damals leidensfähig war bzw. die notwendige Geduld aufgebracht hatte, der kann sich heute über satte

Kursgewinne freuen. Die Ungeeigneten hatten damals stattdessen Ihre Kursverluste realisiert.

Diese Betrachtungsweise gilt natürlich nur dann, wenn Sie das investierte Geld all die Jahre nicht gebraucht haben. Das ist eine stillschweigende Voraussetzung bei Aktienspekulationen. Das bedeutet, Sie zwacken von Ihren Ersparnissen nur den Teil für Aktienspekulationen ab, den Sie die ggf. jahrelang nicht benötigen (siehe dir Kapitel „Dauer von Kurserholungen").

Sonst können Sie eine Börsenkorrektur oder eine Baisse nicht aussitzen (siehe Kapitel „Börsenkorrektur oder Baisse aussitzen") und müssen stattdessen Kursverluste realisieren.

Hier ein anderer Fall. Die Wirtschaft befindet sich in einer Rezession. Alle Zeitungen schreiben fast täglich darüber. Alleine deswegen ist die Stimmung überall schlecht. Es kommt zu Massenentlassungen. Aus Ihrem Bekanntenkreis hat jemand seinen Arbeitsplatz verloren. Sie machen sich selber Sorgen um die Sicherheit Ihres Arbeitsplatzes. Der DAX hat schon über 20 % verloren. Sind Sie dann gelassen genug Aktien zu kaufen? Natürlich nur sukzessive, da Sie nicht wissen, wo der DAX seinen Tiefpunkt erreicht. Die Kurse können schließlich noch weiter abtauchen. Auch hier gilt, dass man nur das Geld investiert, das man die nächsten Jahre nicht braucht.

Das lässt sich aber schlecht kalkulieren, wenn man nicht voraussagen kann, wann man wieder einen neuen Job hat.

Als Beamter auf Lebenszeit ist man in so einer Situation klar im Vorteil.

Auch Leute mit einem gesteigerten Kontrollbedürfnis sind für Aktienspekulationen nicht geeignet. Denn Sie kontrollieren mit Ihren Käufen und Verkäufen nicht, gar nichts. Dazu sind die Anzahl der anderen Spieler und deren Handelsvolumen zu groß. Sie haben keine Kontrolle darüber, ob die Kurse steigen oder fallen.

Sie kontrollieren die Kurse auch nicht dadurch, dass Sie sich ständig im Internet die Kurse anschauen. Sie beobachten die Kurse, ohne irgendeinen Einfluss ausüben zu können. Das ständige Beobachten von Kursen und anderen Recherchen vermittelt einem das Gefühl, besser informiert zu sein als die anderen Spekulanten. Das Ziel ist es aber nicht maximal informiert zu sein, sondern ordentliche Kursgewinne einzufahren. Das Aufsaugen von möglichst vielen Nachrichten und anderen Informationen führt nicht zu höheren Kursgewinnen (siehe auch Kapitel „Wie Nachrichten unmittelbar Aktienkurse beeinflussen können").

Alleine schon deswegen, weil es nicht möglich ist, aus der Flut von Informationen die richtigen Schlüsse zu ziehen. Wäre das so einfach, könnte man kurzfristiges Trading betreiben. Bei einer positiven Nachricht wird gekauft, bei einer negativen Nachricht wird verkauft. Siehe aber das Kapitel „Kein kurzfristiges Trading".

Aktenfresserei führt hier also nicht weiter.

Leute, die nicht gerne inaktiv sind, sind für Aktienspekulationen ebenfalls nicht geeignet. Je mehr Autos der KFZ-Mechaniker repariert, umso höher ist sein Arbeitsertrag. Diese Gleichung aus dem Arbeitsleben gilt nicht für Aktienspekulationen. Wer am Aktienmarkt ständig aktiv ist, indem er Aktien kauft und verkauft, hat als Arbeitsergebnis erstmal nur höhere Gebühren vorzuweisen. Ihre Bank oder Ihr Broker wird Sie lieben. Man muss auch mal die Füße auf den Tisch legen können.

Sie möchten nicht viel Zeit in Recherchen investieren, sind aber generell ungeduldig? Das geht Ihnen alles zu langsam, bis sich aus Ihrer Sicht ordentliche Kursgewinne einstellen? Dann sind Sie auch nicht für Aktienspekulationen geeignet. Denn das führt dazu, dass Sie Aktien mit steigenden Kursen zu früh verkaufen.

Warren Buffet soll sinngemäß gesagt haben, dass er das meiste Geld verdient hat, indem er auf seinem Arsch gesessen hat.

Außerdem vertritt Warren Buffet die Meinung, dass niemand Aktien besitzen soll, der einen 50-prozentigen Kursverlust psychisch nicht aushält.

So tough dürften die wenigsten Spekulanten sein, dass ein 50-prozentiger Kursverlust nicht zu psychischen Stress führt. Da muss der Glaube schon sehr stark sein, dass man letztendlich im Himmel der Kursgewinne landet. Das hat fast schon etwas Religiöses an sich.

Warum die Aktionärsquote in Deutschland so niedrig ist

Die Aktionärsquote ist der Anteil von Aktionären an der Gesamtbevölkerung in Prozent.

Im Jahr 2016 lag die Aktionärsquote in Deutschland bei circa 6 %, in den USA bei circa 25 %. Damit sind die USA aber nicht Spitzenreiter. Unsere Nachbarn, die Niederländer, haben eine Aktienquote von 30 %.

Siehe weitere Details hier:

* https://www.boerse.de/dai/anteil-aktionaere/grafik

Sicher liegt es nicht daran, dass der deutsche Bürger per se für Aktienspekulationen ungeeigneter ist als US-amerikanische Bürger. Es lässt sich auch nicht im täglichen Leben beobachten, dass der Niederländer fünfmal risikofreudiger als der Deutsche ist.

Hauptsächlich liegt es daran, dass der deutsche Staat Aktien als Altersvorsorge wie der Teufel das Weihwasser fürchtet. Daher auch das deutsche, aktienfeindliche Besteuerungskonzept.

Nur einmal hatte sich der deutsche Staat für Aktien als Altersvorsorge voll aus dem Fenster gelehnt. Damals war er aber nicht nur Staat, sondern wollte zugleich seine Aktien (möglichst teuer) verkaufen. Für den deutschen Staat ging die Rechnung auf, für viele Kleinaktionäre, die er mit dem Begriff der „Volksaktie" an die Börse gelockt hatte, ging die Rechnung nicht auf. Ein Bärendienst für eine höhere Aktionärsquote in Deutschland.

Diejenigen, die damals vergrault worden sind und es trotzdem noch mal probieren wollen, stehen vor dem Problem, dass der DAX schon seit Februar 2.000 Jahren ohne Dividenden nicht vom Fleck kommt (siehe Kapitel „Der DAX ohne Dividenden"). Dow Jones und S&P 500 liefern klar bessere Ergebnisse. Doch diese beiden Börsenindices beinhalten Firmen aus dem Ausland, die einem in der Regel nicht so vertraut sind wie deutsche Unternehmen. Zudem stellt sich für den Kleinanleger die Frage, ob ein Wechselkursrisiko besteht. Falls ja, ob und wie man sich gegen das Wechselkursrisiko absichern soll.

Die amerikanischen Handelszeiten sind aber auf jeden Fall angenehmer, da man hier noch per Online-Banking handeln kann, wenn man von der Arbeit nach Hause gekommen ist.

Sehr erfolgreiche Spekulanten

Haben Sie jahrelang einen Index mit Ihren Aktienspekulationen geschlagen? Dann gehören Sie einer kleinen Minderheit an (siehe Kapitel „Wie viele Fondsmanager Ihren Index schlagen").

Dann waren Sie jahrelang für Aktienspekulationen geeignet.

Ich habe hier im Folgenden einige recht bekannte Unternehmen herausgesucht, deren Kurse teilweise um mehr als 1000 % in den letzten 5 Jahren gestiegen sind. Auch bei den Aktien dieser Unternehmen gab es in den letzten 5 Jahren Kursrückschläge. Wer allerdings 5 Jahre Geduld bewiesen hatte, konnte hier überdurchschnittliche Kursgewinne einfahren.

Als Aktionär von **Wirecard** musste man im Jahr 2019 wegen der Berichterstattung der Financial Times ganz schön schwitzen.

Die Zukunft der folgenden Unternehmen und ihrer Turboaktien ist nicht problemfrei.

Wie wird **Netflix** mit der zukünftigen Konkurrenz von Walt Disney und Apple zurechtkommen?

Kann **Tesla** seinen Vorsprung bei Elektroautos gegenüber anderen Automobilherstellern halten? Nachhaltige Unternehmensgewinne sind bei Tesla im Augenblick nicht in Sicht.

Wird das Geschäftsmodell von **Facebook** zukünftig so stark reguliert, dass das Gewinnwachstum nachlässt?

Durch welche Dienstleistung oder welches Produkt kann **Apple** die nachlassende Gewinndynamik beim iPhone kompensieren?

Wie Sie an diesen Beispielen erkennen können, haben auch sehr erfolgreiche Spekulanten mit Unsicherheiten zu kämpfen. Auch sie wissen nicht, wo der Kurshöhepunkt ihrer Turboaktien sein wird. Zudem müssen auch sie beim Verkauf einer Aktie entscheiden, ob sie als Ersatz eine andere Aktie kaufen sollen und welche das sein soll.

Diese sehr erfolgreichen Spekulanten fühlen sich wegen der Kursgewinne sicherer als erfolglose Spekulanten. Vielleicht hilft das, Kursrückschläge besser zu verdauen? Oder sie sind so erfolgsverwöhnt, dass sie mit einem Kurssturz schlechter umgehen können als die Spekulanten, die mit ihren Aktien Kummer gewohnt sind?

Auf jeden Fall müssen auch sehr erfolgreiche Spekulanten die gleichen Entscheidungen treffen wie erfolglose Spekulanten.

- Welche Aktie kaufe ich wann?
- Welche Aktie verkaufe ich wann?
- Wie viele verschiedene Aktien sollen wegen der Risikodiversifizierung im Depot sein?
- Wie soll die Gewichtung der Aktien im Depot sein?

Beispiel: 5 Aktien sind im Depot. Jede Aktie soll einen Anteil von 20 % haben. Das gelingt auch bei der Depoteröffnung. Da sich anschließend die Kurse dieser 5 Aktien unterschiedlich entwickeln, verschieben sich die Gewichtungen. Soll man deswegen reagieren? Soll man die Aktie, deren Kurs sich besonders gut entwickelt hat, nachkaufen? Damit würde man deren Anteil im Depot erst recht erhöhen.

Alle diese Fragen müssen von allen Spekulanten in der Form von Entscheidungen beantwortet werden?

Die Gewichtung wird dabei bei jeder sekündlichen Neuberechnung des DAX auf Basis der aktuellen Kurse ebenfalls neu berechnet. Änderungen des Streubesitz-Anteils werden dagegen von der Deutschen Börse nur zu den vierteljährlichen Anpassungsterminen erfasst und fließen erst dann in die Gewichtung ein.

Die Probleme der Gewichtung haben Sie mit einem ETF auf den DAX so nicht.

Es muss natürlich kein ETF auf einen Index sein. Im Internet gibt es genügend frei verfügbare Quellen, die ihnen Aktien mit sehr hohen Kursanstiegen auflisten. Wenn Sie der Meinung sind, dass die Kurse dieser Aktien weiterhin durchschnittlich steigen, können Sie sich mit dem Kauf dieser Aktien an deren Kursentwicklung dranhängen.

Geschichte wiederholt sich nicht, aber sie reimt sich.

Mit den oben erwähnten Unternehmen ist man schon sehr nahe an den FAANG-Aktien. Denn es handelt sich dabei um diese Unternehmen.

Facebook, Apple, Amazon, Netflix und Google.

Einen ETF für FAANG-Aktien habe ich nicht gefunden. Aber Aktien dieser Unternehmen haben in dem Börsenindex Nasdaq 100 ein Gewicht von über 40 %. Alphabet/Google ist mit der A-Aktie und der C-Aktie gleich zweimal in diesem Index enthalten.

Bloß ist der Nasdaq 100 in den letzten 5 Jahren, vom 9. August 2019 rückwärts betrachtet, nur um circa 113 % gestiegen.

Es gibt aber einen FANG-Index, im dem Facebook, Amazon, Netflix und Google (Alphabet) enthalten sind. Apple fehlt also.

Diesen FANG-Index gibt es seit Februar 2016. Kursgewinn bis zum 9. August über 180 %. Also über 180 % Kursgewinn in etwas weniger als 3,5 Jahren. Es gibt sogar ein Index-Zertifikat auf den FANG Index. Der wichtigste Unterschied zwischen einem ETF und einem Indexzertifikat ist, dass bei einem Index-Zertifikat bis auf die Konkursquote das ganze investierte Geld verloren ist, wenn der Emittent (Bank, Fondsgesellschaft) pleite ist. Da ist aber meine Angst vor einem Kurssturz wesentlich größer.

Unternehmen	Kursgewinn seit	Kursgewinn bis zum 28.12.2018
Apple	2.1.2009	über 1.480 %
Alphabet A (ex Google)	2.1.2009	über 800 %
Amazon	2.1.2009	über 3.300 %
Facebook	18.5.2012	über 370 %
Netflix	2.1.2009	über 7.400 %

Tabelle 21 Kursgewinne der FAANG Aktien innerhalb von circa 10 Jahren

Bei Apple gibt es als kleines Zubrot neben den Kursgewinnen noch Dividenden.

Die Kursgewinne der Vergangenheit der FAANG-Aktien sind also sehr verlockend. Dennoch muss ich gleich als erstes an den Kurssturz der Gruppe Nifty Fifty denken (siehe Kapitel „Die Nifty Fifty").

Ich habe nicht das Gefühl, dass ich die Unsicherheiten, die nach diesen Kursgewinnen mit diesen Aktien verbunden sind, psychisch in den Griff bekomme. Hätte ich die FAANG-Aktien gekauft, hätte ich die FAANG-Aktien schon längst verkauft. Da für mich ein Kursgewinn von z. B. 100 % sensationell genug gewesen wäre. Aber wahrscheinlich hätte ich schon bei einem viel kleineren Kursgewinn verkauft, da wegen der Kursschwankungen, die von mir gesetzten Stop-Loss-Kurse erreicht worden wären.

Im November 2018 brachen die FAANG-Aktien neben anderen Aktien kurz ein. Vom Sommer 2018 aus betrachtet, waren da schon mal 20 bis 40 % Kursverlust drin. Hätten Sie diese Kursverluste psychisch ausgehalten?

Diese Kursverluste sind schon längst aufgeholt und überkompensiert. Lohn der Angst für diejenigen, die durchgehalten haben.

Insbesondere bei Netflix musste man psychisch stabil sein. Bei Netflix gab es fünf Zeiträume mit mehr als 50 % Kursverlust. Diese Verlustphasen erstreckten sich von wenigen Monaten bis zu über einem Jahr. Teilweise betrugen die temporären Kursverluste über 70 %.

Lohn der Angst: Kursgewinn bis 7400 % bei Netflix.

Wer frühzeitig in diese Aktien investiert hat und diese Aktien heute noch hält, den wird man mit einem ETF auf einen Börsenindex nicht hinter dem Ofen hervorholen können.

6 starke deutsche Aktien

Es müssen nicht unbedingt immer US-amerikanische Aktien sein, mit denen man den jeweiligen Börsenindex schlagen kann. Zudem kann es sich dabei um Unternehmen handeln, die bei weitem nicht so bekannt sind, wie die FAANG-Aktien. Hier 6 Beispiele:

Unternehmen	Kursanstieg seit dem 20.8.2009
Nemetschek	circa 4.600 %
Isra Vision	circa 1.400 %
Carl Zeiss Meditec	circa 1.000 %
Bechtle	circa 950 %
Eckert & Ziegler Strahlen & Medizin	circa 900 %
Sixt	circa 840 %

Tabelle 22 Kursgewinne 6 starke deutsche Aktien innerhalb von 10 Jahren

* Quellen: Stiftung Familienunternehmen, Thomson Reuters, Bloomberg

Soweit Ihnen diese Unternehmen nicht bekannt sein sollten, tritt das Problem auf, dass man nur Aktien von Unternehmen kaufen sollte, bei denen man zumindest das Geschäftsmodell verstehen sollte. Ist nicht mal das der Fall, entsteht ein Einarbeitungsaufwand für Sie. Wenn Sie einen ETF auf einen Börsenindex kaufen, haben Sie im Zweifelsfall einen geringeren Einarbeitungsaufwand.

Anschließend stellt sich die Frage, die jeder nur für sich beantworten kann.

Bekommt man die Unsicherheiten des Aktienmarktes bei Aktien von weniger bekannten Unternehmen genauso in den Griff, wie bei Aktien von Unternehmen, die fast jeder kennt?

Kursgewinne der wichtigsten und bekanntesten Börsenindices von 2009 bis 2018

Allerdings hatte keiner der wichtigsten Börsenindices seit dem 20.8.2009 einen Kursanstieg von mindestens 840 %, auch wenn bei der folgenden Tabelle, nicht jeweils auf den „20. August" Bezug genommen wird.

Börsenindex	Jahresende 2008	Jahresende 2018	Anstieg in 10 Jahren
DAX	4.810	10.558	circa 219 %
MDAX	5.601	21.588	circa 385 %
EURO STOXX 50	2.451	3.001	circa 122 %
Dow Jones	8.776	23.327	circa 265 %
S&P 500	903	2.506	circa 277 %
Nasdaq 100	1.211	6.329	circa 522 %
Nikkei 225	8.716	20.014	circa 229 %

Tabelle 23 Kursgewinne von Börsenindices innerhalb von 10 Jahren

Da der 10-Jahreszeitraum nach dem Kurssturz des Jahres 2008 dieser Börsenindices beginnt, kann man zugleich sehen, wie sich seit diesem Kursabstürzen, die Börsenindices erholt haben. Dabei ist natürlich zu beachten, dass in einigen Börsenindices die Dividenden in den Kursgewinnen enthalten sind und in anderen Börsenindices nicht (siehe Kapitel „Entwicklung der wichtigsten und bekanntesten Börsenindices in den letzten 5 Jahren").

Eigentlich überflüssig zu erwähnen, dass es keine Garantie dafür gibt, dass die Aktien dieser Unternehmen auch in der Zukunft solche überdurchschnittlichen Wertzuwächse verzeichnen.

Wer im August 2009 oder früher diese Aktien gekauft hat und diese Aktien heute noch hält, den wird man mit einem ETF auf einen Börsenindex nicht hinter dem Ofen hervorholen können.

Was Angst bewirkt

Angst war zu einem ganz großen Teil der Menschheitsgeschichte sehr hilfreich. Insbesondere dann, wenn die Angst zu einer lebenserhaltenden Fluchtreaktion führte. In zivilisierten Gebieten und Regionen hat die Bedeutung der Fluchtreaktion abgenommen. Vor wem möchten Sie denn heute fliehen? Vor Ihrem Chef oder vor Ihrem Vermieter? Ein spontanes Wegrennen vom Arbeitsplatz oder aus der Wohnung/ aus dem Haus ändert erstmal nichts an Ihren arbeits- und mietvertraglichen Verpflichtungen. Daher sind beide Vertragsverhältnisse durch Wegrennen nicht endgültig abgewickelt.

Sie können aber zumindest während der üblichen Handelszeiten spontan Aktien verkaufen. Dafür reichen ein paar Klicks beim Onlinebanking. Sie haben Angst vor weiterem Kursverlusten und möchten daher aus der Aktie fliehen. Sie verkaufen dann aber nicht bei einem ganz kleinen Kursverlust, da jeder Spekulant etwas Kursverlust psychisch aushält. Die Angst oder deren Fluchtreaktion kommt erst bei einem größeren Kursverlust. Vor einem kleinen Tier hat man in der Regel weniger Angst als vor einem großen Tier.

Das kann dazu führen, dass der Verkaufskurs näher am Tiefpunkt des Kurssturzes liegt als am Anfangspunkt des Kurssturzes.

Bei Aktienspekulationen ist Angst also nicht hilfreich. Auch wenn der Angstzustand durch den Verkauf der Aktie beendet werden konnte.

Angst als schlechter Ratgeber an der Börse. Daher ist es nicht verwunderlich, dass es die folgende Börsenweisheit gibt: Steigen die Kurse, kommen die Privatanleger. Fallen die Kurse, gehen die Privatanleger.

Eigentlich müsste es heißen: Steigen die Kurse stark, kommen die Privatanleger. Fallen die Kurse stark, gehen die Privatanleger.

Dies lässt sich z. B. an der Anzahl der Aktionäre in Deutschland messen.

Vor den Aktiencrashs der Jahre 2001/2002 und 2008 war die Anzahl der Aktionäre in Deutschland überdurchschnittlich hoch. Ob es den Aktionären noch rechtzeitig gelungen war, Ihre Aktien mit Gewinn zu verkaufen, lässt sich aus den Zahlen des Deutschen Aktieninstituts nicht ablesen.

So sank der DAX im Jahr 2001 zwar um 19,85 % Prozent. Das bedeutet aber nicht, dass die Spekulanten im Jahr 2001 Ihre Aktien mit Verlust verkauft hatten. Dafür waren die Vorjahre beim DAX zu stark

Börsenindex	Jahr	Kursgewinn/Kursverlust
DAX	2001	minus 19,85 %
DAX	2000	minus 7,03 %
DAX	1999	37.1 %
DAX	1998	17,71 %
DAX	1997	47,11 %
DAX	1996	28,17 %

Tabelle 24 Trotz DAX Börsencrash 2000/2001 - Verluste nicht zwingend

Getrieben von der Angst verkaufen also viele Privatanleger mehr oder weniger noch rechtzeitig. Das Problem auf Seiten der Privatanleger dürfte eher sein, dass sie nach einem Aktiencrash zu spät in den Aktienmarkt zurückkehren.

Erst im Jahr 2015 war die Anzahl der Aktionäre in Deutschland ungefähr wieder auf dem Niveau der Jahre 2001 und 2007. Damit wurde der Anstieg der Aktienkurse von 2009 bis 2014 (auch unter Berücksichtigung des schlechten Jahres 2011) verpasst. Die vom letzten Aktiencrash verursachten Wunden verheilen psychisch eben sehr langsam. Der Heilungsprozess wird aber durch entgangene Kursgewinne beschleunigt. Denn auch bisher entgangene Kursgewinne können eine psychische Belastung sein. Wer tatenlos jahrelang den Kursgewinnen des DAX zuschaut, fühlt sich als Spekulant bestimmt unwohl.

Beim S&P 500 gab es übrigens nach einem Kursrückgang von über 15 %, 12 Monate später im Durchschnitt einen Kursgewinn von 55 % (Quelle: Capital Group).

Da aber kaum jemand das Glück hatte, Aktien zum Zeitpunkt des absoluten Tiefpunktes gekauft zu haben, sind die durchschnittlichen Kursgewinne für die Spekulanten nach einem Kursrückgang von über 15 % in der Realität geringer als 55 %. Aber sie sind noch bemerkenswert hoch.

Die unterschiedliche Wahrnehmung von Haussen und Baissen

Haussen und Baissen werden in der Öffentlichkeit unterschiedlich wahrgenommen. Vielleicht liegt das auch daran, dass Baissen – im Gegensatz zu Haussen – in der Regel einen Namen erhalten. Auf jeden Fall können sich Mensch und Tier besser negative als positive Erfahrungen merken. Insbesondere dann, wenn die negative Erfahrung Angst verursacht hatte. Das ist wichtig für das Überleben in der freien Wildbahn. Denn der gleiche, eventuell lebensgefährdende Fehler soll nicht wiederholt werden. Wenn die Aktienkurse generell sinken, hat der Spekulant aber objektiv keinen Fehler gemacht. Da niemand die kurzfristige Entwicklung von Aktienkursen vorhersagen kann, kann man dem Spekulanten nicht vorwerfen, dass er den ETF auf einen Börsenindex zu einem falschen Zeitpunkt gekauft hat.

Steigt ein Börsenindex Monat für Monat um 1 %, hat man nach einem Jahr einen stolzen Kursgewinn von 12 %. Das erregt aber weniger Aufsehen, als wenn ein Börsenindex innerhalb einer Woche um 6 % fällt. Erholt sich dieser Börsenindex in relativ kurzer Zeit, findet das in der öffentlichen Berichterstattung weniger Beachtung als der 6prozentige Kurssturz.

Die wichtigsten und bekanntesten Börsenindices steigen auf Dauer immer

Nachdem bereits die Kursgewinne einiger Börsenindices innerhalb von 5 Jahren und innerhalb von 10 Jahren vorgestellt worden sind, habe ich hier einen Betrachtungszeitraum von 30 Jahren ausgewählt. Warum 30 Jahre?

Laut der die Postbank-Studie "Wohnatlas 2015" benötigt man im Durchschnitt circa 26 Jahre, um 110 Quadratmeter große Eigentumswohnung abzubezahlen. Da seit dem Jahr 2015 die Immobilienpreise, insbesondere in den Großstädten, gestiegen sind, dürfte dieser Durchschnittswert mittlerweile über 26 Jahre liegen. Zudem beinhaltet der 30-jährige Betrachtungszeitraum die Baissen der Jahre 2000 bis 2002 (z. B. der DAX insgesamt über minus 70 %) und 2008 (z. B. der DAX minus 40 %), die zu verdauen waren. Der DAX feierte übrigens seinen 30ten Geburtstag am 1. Juli 2018.

Börsenindex	Stand Ende 1988	Stand Ende 2018	Anstieg in 30 Jahren
DAX	1.327	10.588	circa 795 %
Euro Stoxx 50	861	3.001	circa 348 %
Dow Jones	2.168	23.327	circa 1.075 %
S&P 500	277	2.506	circa 904 %
Nasdaq 100	354	6.329	circa 1.787 %

Tabelle 25 Kursgewinne wichtiger Börsenindices in 30 Jahren

Auch in dieser sehr langfristigen Betrachtung schneiden die US-amerikanischen Börsenindices klar besser ab. Zumal in den Kursanstiegen der US-amerikanischen Börsenindices – im Gegensatz zu DAX und MDAX – keine Dividenden enthalten sind. Aber der DAX kommt auf Grund seiner Dividenden immerhin noch auf circa 8 % Kursanstieg im Jahresdurchschnitt. Die Kursentwicklung des Euro Stoxx 50 kann als enttäuschend bezeichnet werden.

Vergleich DAX und MDAX

Für die Börsenindices MDAX und SDAX kann ich keinen 30-jährigen Betrachtungszeitraum anbieten. Da der MDAX erst am 19. Januar 1996 ins Leben gerufen wurde und der SDAX startete sogar erst am 21.06.1999.

Der MDAX ist ein Börsenindex, der mittlerweile 60 Aktien mittelgroßer deutscher Unternehmen, sogenannte Mid Caps, umfasst.

Der SDAX ist ein Börsenindex, der 70 Aktien kleinerer, deutscher Unternehmen, sogenannte Small Caps, beinhaltet.

Börsenindex	Zeitraum	Kursanstieg
MDAX	circa 23 Jahre	circa 821 %
SDAX	circa 20 Jahre	circa 332 %

Tabelle 26 Kursanstiege MDAX und SDAX seit Gründung

Der MDAX schafft also in 23 Jahren 821 %, der DAX dagegen steigt in 30 Jahren nur 975 %. Rechnet man die 23 Jahre des MDAX linear auf 30 Jahre noch, hätte der MDAX einen Kursanstieg nach 30 Jahren von 1070 %. Auch in der 5-Jahresbetrachtung und in der 10-Jahresbetrachtung war der MDAX klar besser als der DAX (siehe oben). Woran liegt das?

Überdurchschnittlich schnell wachsende Unternehmen steigen schnell von dem SDAX in den MDAX auf und importieren dabei ihre Wachstumsstory in den MDAX. Dieser Aufstieg ist wesentlich einfacher als der Aufstieg vom MDAX in den DAX.

Bei allen hier genannten Börsenindices kann man sich übrigens ausrechnen, welches Startkapital in etwa notwendig war, um kurz vor Rentenbeginn eine Immobilie frei von Krediten kaufen zu können.

Der Nikkei 225 – die Ausnahme

Eine Ausnahme bildet der Börsenindex Nikkei 225. Die 38.915 Punkte vom 29. Dezember 1989 wurden nie mehr erreicht. Zum Vergleich:

Am Endes des Jahres 2018 stand der Nikkei 225 bei 20.014 Punkten.

1989 lag das sogenannte Kurs-Gewinn-Verhältnis des Nikkei 225 bei circa 70. Das bedeutet, 70 Jahre lang hintereinander müssten Gewinne erwirtschaftet werden, um die Kurse zu rechtfertigen. Auch die „Nifty Fifty" hatten damals Anfang der 70er Jahre des vergangenen Jahrhunderts KGVs über 50, die teilweise bis zu einem KGV von 92 gingen.

Der Park des Kaiserpalastes im Zentrum von Tokio war fast so viel wert wie Kalifornien. Die Tokioter City bildete damals fast zwei Drittel des gesamten Weltimmobilienwertes ab. Da sagt einem schon der gesunde Menschenverstand, dass hier eine Spekulationsblase vorlag. Aber auch bei dieser Konstellation war damals nicht klar, wie weit der Nikkei 225 noch klettert. Der Nikkei 225 stieg in 10 Jahren um circa 600 %. Wer 2 Jahre zu früh ausstieg, verlor indirekt eine Menge Geld. Danach erfolgte ein Kursverfall von circa 81 %, der sich über 20 Jahre hinzog. Der Nikkei 225 ist aber auch der einzige der wichtigen und bekannten Börsenindices, der in den letzten 30 Jahren keine Kurszuwächse zu verzeichnen hatte.

Die Haltedauer von Aktien bei den Spekulanten

Viele schaffen es nicht, eine Aktie 5 Jahre lang zu halten.

Christian Kahler, Chefanlagestratege der DZ Bank, berichtet:

[Untersuchungen aus den USA haben gezeigt,] *dass US-Anleger Aktien im Durchschnitt nur noch acht Monate im Depot halten. In den 1950er Jahren waren es noch acht Jahre.* [Kahler] *rechnet vor: Ein Anleger, der mit einer Aktie zehn Prozent pro Jahr verdient und diese nach 20 Jahren verkauft, hat vor Steuern ein Plus von 570 Prozent erzielt. Ein Anleger, der ebenfalls zehn Prozent Bruttorendite pro Jahr erwirtschaftet, aber alle acht Monate umschichtet, hat am Ende lediglich ein Plus von 158 Prozent erzielt! „Steuern auf den Gewinn und Handelsgebühren schmälern den Gewinn bei jeder Transaktion,......"*

Auf der deutschen Seite sieht es etwas besser aus.

Laut einer Studie der AXA, die im Jahr 2019 veröffentlicht wurde, sind im Durchschnitt 28 Monate [also 2,3 Jahre] die optimale Anlagedauer an der Börse.

Lediglich zwölf Prozent der erwachsenen Bevölkerung hält ein Börsen-Engagement von länger als zehn Jahren für am besten.

Laut einer Studie des Deutschen Aktieninstituts und der Börse Stuttgart hielten die Befragten im Durchschnitt eine Haltedauer von 2,25 Jahren für optimal.

18 % gaben an, dass Aktien länger als 10 Jahre gehalten werden sollten.

Laut World Federation of Exchanges (WFE) wurden im Jahr 2018 Aktien weltweit nach durchschnittlich 0,5 Jahren bzw. 6 Monaten wiederverkauft. 1980 hielten die Käufer von Aktien diese noch 9,7 Jahre in ihrem Besitz.

Als Grund für die immer kürzeren Haltedauern wird oft die Technisierung des Aktienhandels genannt. Das erscheint mir plausibel. Wer nur ein paar Klicks machen muss, um eine Aktie zu verkaufen, verkauft schneller, als derjenige der telefonisch seinem Bankberater hinterherrennen muss oder gar zum Verkauf der Aktie in der Bankfiliale erscheinen muss.

Ein weiterer Grund für die immer kürzer werdende Haltedauer könnte die ansteigende Informationsflut sein. Eigentlich ist das schon eher ein Informations-Tsunami. Kein Handelstag vergeht, ohne dass nicht mindestens eine schlechte Nachricht zu verdauen ist.

Wer wissen will, wie sich die Haltedauer von Aktien in den letzten 38 Jahren entwickelt hat, kann hier nachlesen.

- http://www.bpb.de/wissen/5IAXN9,0,0,Aktienbestand_und_Aktienh andel.html

Wer so kurzfristig Aktien hält, muss wegen der vielen Kursschwankungen schon viel Glück haben, dass er auf Dauer Kursgewinne einfährt.

Mit Haltedauern von 6 bis 8 Monaten lassen sich in der Regel weder Börsenkorrekturen noch Baissen aussitzen (siehe Kapitel „Wie lange Börsenkorrekturen (Baissen) dauern"). Aber es lassen sich so, leicht Kursverluste realisieren. Weil einem die Börsenkorrektur/die Baisse und die anschließende Erholung der Aktienkurse zu lange dauern.

Nach wie vielen Jahren sich der Wert Ihrer Aktien verdoppelt hat

Eigentlich will ich bezüglich möglicher Kursgewinne um Demut bitten. Daher ist es ein bisschen inkonsequent, dass ich dieses Kapitel schreibe. Dafür setze ich allerdings pro Jahr zunächst nur 5 % Kursgewinn an.

Beispiel für 5 % Kurssteigerung pro Jahr:

72/5 % = 14, 4 Jahre

Das geht wegen des Zinseszinseffektes so schnell.

Wert der Aktien: 100 Euro. Nach einem Jahr sind dann die Aktien trotz temporär erfolgter Kursverluste 105 Euro wert. Basis für die nächsten 5 % Kursgewinn sind dann nicht mehr 100 Euro, sondern 105 Euro. Usw.

Beispiel für 8 % Kurssteigerung pro Jahr:

72/8 % = 9 Jahre

Eigentlich überflüssig zu erwähnen, dass sich dann der Wert der Aktien in weniger als 10 Jahren verdoppelt hat

Wenn Sie wichtige Handelstage versäumen

Trotz der Baissen der Jahre 2000 bis 2002 (insgesamt über minus 40 %) und 2008 (minus 38 %) stieg der Börsenindex S&P 500 zwischen dem 1. Januar 1995 und dem 31. Dezember 2014 um 555 % oder um 9,9 % pro Jahr.

Also Lohn der Angst mit einem ETF auf den Börsenindex S&P 500: 555 %.

Aber nur, wenn man ununterbrochen investiert war. Denn laut einer Studie von JP Morgan sank der Kursgewinn von 555 % auf 191 %, wenn man in diesen 20 Jahren die 10 besten Handelstage verpasst hatte.

Auch sehr aufschlussreich zu diesem Thema ist eine Studie der Privatbank Sutor aus dem Jahr 2019 zum DAX. In dieser Studie wird der Zeitraum 1998 bis 2018 betrachtet. Das sind grob 8.000 Handelstage.

Börsenindex	Anzahl der verpassten besten Handelstage	durchschnittlicher Kursgewinn
DAX	Null	7,16 %
DAX	10	4,3 %
DAX	13	3,5 %
DAX	33	insgesamt Verlust
S&P 500	Null	7,47 %
S&P 500	17	circa 3,7 %
S&P 500	42	insgesamt Verlust
MSCI World	Null	4,43 %
MSCI World	12	circa 2,2 %
MSCI World	30	insgesamt Verlust

Tabelle 27 Entgangene Gewinne durch verpasste Handelstage

Wie Sie sehen, können sich durch verpasste Handelstage statt möglichst hoher Kursgewinne sogar Kursverluste bei den Börsenindices ergeben.

Diese Fakten sind auch deswegen interessant, da man schon mal lesen kann: *Man muss nicht immer investiert sein.*

Das klingt auf den ersten Blick vernünftig. Beantwortet aber nicht die Frage, wann man denn investiert sein soll. Ähnlich wenig hilfreich ist die Aussage, dass *man auf Kaufgelegenheiten warten soll*.

Mit anderen Worten, man soll geduldig sein. Wenn man eine abgeschlossene Börsenkorrektur beim S&P 500 als Kaufgelegenheit betrachtet, dann muss man im Durchschnitt mehr als 2 Jahre warten (siehe Kapitel „Börsenkorrekturen beim S&P 500 seit 1998"). In den rund 2 Jahren Wartezeit ist der S&P 500 in der Regel absolut und prozentual stärker angestiegen als die 11 % bis 19 % Kaufpreisermäßigung, die ihnen die Börsenkorrektur beschert. Falls die Börsenkorrektur überhaupt kommt.

Unabhängig vom konkreten Börsenindex, kann niemand vorhersagen, wann denn die besten 10 bis 42 Handelstage sind. Daran ändert auch nichts die Tatsache, dass in 60 % der Fälle die besten Handelstage 2 Wochen nach den schlechtesten Handelstagen sein sollen.

Denn das setzt voraus, dass man einen schlechten Handelstag als einen der schlechtesten Handelstage identifizieren kann. Ferner liegt die Wahrscheinlichkeit nur bei 60 %. Das ist eine etwas höhere Wahrscheinlichkeit als beim Münzwurf. Dort ist die Wahrscheinlichkeit 50 %.

Wer an einem der schlechtesten Handelstage oder kurz danach seine Aktien mit Schweiß auf der Stirn und tief vergrämten Gesicht verkauft hat, wird kaum in der Lage anschließend gleich wieder Aktien zu kaufen. Der hat erstmal die Nase voll. Zudem müsste er sich eingestehen, dass der Verkauf der Aktien ein Fehler war.

Entweder man sitzt die schlechtesten Handelstage aus oder man ist erstmal bis auf Weiteres aus dem Spiel.

Auch wer ständig Aktien kauft und verkauft, wird nur mit viel Glück an einigen der besten Handelstage investiert sein.

Geduld bedeutet in diesem Zusammenhang also, dass man auf die besten Handelstage warten soll und nicht, dass man auf Kaufgelegenheiten warten soll.

Wer sich auch noch für die Börsenindices SMI, CAC 40, FTSE 100 oder HANG Seng interessiert, findet hier weitere Informationen:

- https://www.institutional-money.com/news/theorie/headline/studie-das-meiste-geld-mit-aktien-verdient-man-im-schlaf-152416/

Warum auf Dauer der Wert von Börsenindices steigt

Technischer Fortschritt und Erfindungen erhöhen wegen der damit verbundenen Produktivitätssteigerungen die Gewinne der Unternehmen. Wie bereits an anderer Stelle ausführlicher dargestellt, müssen schlechte Unternehmen den Börsenindex verlassen. Diese belasten dann nicht mehr die Performance des Börsenindex. Andere Unternehmen mit einem höheren Aktienkurspotential treten dann im Börsenindex an deren Stelle.

Beispiel:

General Electric war seit 1907 ununterbrochen Bestandteil des Dow Jones. Dennoch musste General Electric, den Dow Jones am 26. Juni 2018 verlassen. Aus Sicht der Entscheider war General Electric wegen seiner schlechten Geschäftsergebnisse des Dow Jones nicht mehr würdig.

Hier noch einige andere Gründe, warum auf Dauer der Wert von Börsenindices steigt:

Aktienrückkäufe

Das Ziel von Aktienrückkäufen ist es, zugunsten der Aktionäre den Aktienkurs zu erhöhen. Steigt der Gewinn pro Aktie und/oder die Dividende pro Aktie, lassen sich leichter Käufer für diese Aktie finden (siehe unten).

Nach einem Aktienrückkauf wird der Gewinn des Unternehmens auf weniger Aktien als bisher verteilt. Die zurückgekauften Aktien stehen für die Börse nicht mehr zur Verfügung.

Beispiel:

Von einem Unternehmen sind 1 Million Aktien zu je 100 Euro im Umlauf und damit im Handel. Der Gesamtwert der Aktien – die Marktkapitalisierung - beträgt also 100 Millionen Euro. Der Gewinn des Unternehmens beläuft sich auf 2 Millionen Euro. Vor dem Rückkauf der Aktien ist also der Gewinn pro Aktie 2 Euro.

Das Unternehmen kauft 200.000 seiner Aktien zu je 100 Euro zurück. Jetzt sind nur noch 800.000 Aktien im Handel.

Der Gewinn pro Aktie steigt dadurch auf 2,50 Euro (2 Millionen Gewinn/800.000 Aktien). Der Gewinn pro Aktie ist um 25 % gestiegen, obwohl nur 20 % der Aktien zurückgekauft worden sind.

Ein Jahr später erzielt dieses Unternehmen einen Gewinn von 2.200.000 Euro. Der Gewinn des Unternehmens ist also innerhalb eines Jahres um 10 % gestiegen. Der Gewinn pro Aktie beträgt jetzt 2,75 Euro (2,2 Millionen Gewinn/800.000 Aktien). Das bedeutet, dass der Gewinn pro Aktie genauso um 10 % gestiegen ist wie der Gewinn des Unternehmens. Beim prozentualen Gewinnanstieg pro Aktie verpufft der Rückkaufeffekt.

Dennoch wirkt beim absoluten Betrag des Gewinnes pro Aktie der Rückkaufeffekt für die Folgejahre fort. Das bedeutet, der Rückkauf der Aktien treibt den Gewinn pro Aktie dauerhaft nach oben.

Denn ohne den vor einem Jahr getätigten Rückkauf der Aktien wäre der Gewinn pro Aktie nur 2,2 Euro ((2,2 Millionen Gewinn/1 Million Aktien) und nicht wie jetzt 2,75 Euro pro Aktie. Also 25 % niedriger.

Abwandlung des Beispiels:

Ein Jahr später erzielt dieses Unternehmen einen Gewinn von 2.200.000 Euro. Der Gewinn des Unternehmens ist also innerhalb eines Jahres um 10 % gestiegen. Ferner kauft dieses Unternehmen nochmal 60.000 seiner Aktien zu je 100 Euro zurück. Jetzt sind nur noch 740.000 Aktien im Handel.

Der Gewinn pro Aktie steigt dadurch auf 2,97 Euro (2,2 Millionen Gewinn/740.000 Aktien). Der Gewinn pro Aktie ist also in einem Jahr von 2,50 Euro (2 Millionen Gewinn/800.000 Aktien) auf 2,97 Euro gestiegen. Das ist ein Anstieg von 18,8 % beim Gewinn pro Aktie.

Lesen Sie in den Medien nur, dass der Gewinn pro Aktie um 18,8 % gestiegen ist, wissen Sie nicht, ob das auf tatsächliches Gewinnwachstum zurückzuführen ist. Oder ob der Gewinn pro Aktie nur wegen des Rückkaufs von Aktien gestiegen ist.

Liegt sowohl der Rückkauf von Aktien als auch tatsächliches Gewinnwachstum vor, bleibt erstmal unklar, welchen Anteil diese beiden Faktoren am Anstieg des Gewinns pro Aktie haben.

Die Dividende pro Aktie steigt

Das ist schnell erklärt. Da weniger Aktien im Umlauf sind, verteilt sich der auszuschüttende Betrag bei einem unveränderten Ausschüttungsvolumen auf weniger Aktien. Dadurch steigt die Dividende pro Aktie. Beim Kauf einer Aktie kann die Dividende pro Aktie ein wichtiges Auswahlkriterium sein. Je höher die Dividende pro Aktie ist, umso eher wird die Aktie gekauft. Das führt dann zu einem steigenden Aktienkurs. Siehe für weitere Details das Kapitel „Zusammenhang von hohen Dividendenrenditen und Aktienkursen".

<u>Die Dividende pro Aktie sinkt</u>

Kapitalerhöhungen, die Anzahl der Aktien erhöhen, vermindern bei gleichbleibendem Ausschüttungsvolumen die Dividende pro Aktie. Gleiches gilt, wem Anleihen und Kredite in Aktien umgewandelt werden.

Solche Maßnahmen sind das Gegenteil von Aktienrückkäufen.

<u>Umfang von Aktienrückkäufen</u>

Im Beispiel oben wurden Aktien im Wert von 20 Millionen zurückgekauft. Bei vielen Aktienrückkäufen geht es aber um Milliarden.

Hier einige Beispiele von deutschen Unternehmen:

Linde/Praxair	bis 2021 5,3 Mrd. EUR
Adidas	bis 2021 3 Mrd. EUR
Siemens	bis 2021 3 Mrd. EUR
Covestro	Nov. 2017 1,5 Mrd. EUR

Tabelle 28 Aktienrückkäufe einiger deutscher Unternehmen

Nur noch 25 % der börsennotierten US-Unternehmen kaufen keine eigenen Aktien.

Börsenindex	Zeitraum	Betrag Aktienrückkäufe
S&P 500	Erstes Quartal 2019	über 200 Mrd. USD
S&P 500	Jahr 2018	circa 805 Mrd. USD
S&P 500	Die letzten 5 Jahre	501 bis 571 Mrd. USD
Deutsche Aktien	Jahr 2018	circa 10 Mrd. Euro

Tabelle 29 Summe Aktienrückkäufe bezogen auf Börsenindices

Da die Unternehmensgewinne in den USA höher sind, steht dort auch mehr Geld für Aktienrückkäufe zur Verfügung. Insgesamt handelt es sich hier gewaltige Summen. Das kann dazu führen, dass das Unternehmen selbst der größte Käufer seiner Aktie ist. Nach einer Studie des Vermögensverwalters La Financière de L'Equichier waren in den letzten 4 Jahren vor dem Jahr 20219 US-Unternehmen durch Ihr Aktienrückkäufe die größten Käufer. Das ist auch ein Grund dafür, dass die US-Börsenindices in den USA stärker gestiegen sind als der DAX (siehe Kapitel „Entwicklung der wichtigsten und bekanntesten Börsenindices in den letzten 5 Jahren").

Rund ein Drittel des Anstiegs des Gewinns pro Aktie in den USA soll auf die Aktienrückkäufe zurückzuführen sein. Das hat alles nicht mit höherer Produktivität durch technischen Fortschritt, mit besseren Produkten oder einem besseren Management zu tun. Das Geld wird also nicht für höhere Löhne oder höhere Gehälter verwendet. Wenn jemand von Aktienrückkäufen profitiert, dann sind es diejenigen, die meinten genügend Geld für den Kauf von Aktien zu haben und deswegen auch tatsächlich Aktien gekauft hatten.

Der Aktienkurs muss durch Aktienrückkäufe aber nicht zwangsläufig steigen. Es gibt auch Unternehmen, die sich für Aktienrückkäufe verschulden. Höhere Schulden wirken sich aber tendenziell negativ auf den Aktienkurs aus.

Aktienrückkäufe erhöhen also eher den Aktienkurs, wenn dadurch nicht die Verschuldung des Unternehmens steigt. Darauf ist also zu achten.

Die Beträge, die von den Unternehmen in Aktienrückkäufe investiert werden, sind in der Regel groß genug (siehe oben), um einen Kursanstieg zu verursachen. Denn das ist schließlich das Ziel der Aktienrückkäufe. Deswegen sind US-amerikanische Aktien bezogen auf das Kurs-Gewinn-Verhältnis (siehe Kapitel „Das Kurs-Gewinn-Verhältnis (KGV) ist zu hoch") in der Regel teurer als deutsche Aktien.

Aber auch Aktienrückkäufe können von der Konjunkturentwicklung anhängig sein. Da die meisten Unternehmen so seriös sind, dass sie ihre Aktienrückkäufe mit ihren Gewinnen bezahlen, nimmt der für einen Aktienrückkauf zur Verfügung stehende Betrag bei einem sinkenden Unternehmensgewinn tendenziell ab. Eher hält das Unternehmen bei so einem Szenario die Dividende konstant.

Die Weltwirtschaftskrise im Jahr 2007 führte dazu, dass im Jahr 2008 in den USA nur noch halb so viele Aktienrückkäufe getätigt wurden.

Die Aktienkurse waren ohnehin schon rückläufig. Eine Stabilisierung der Aktienkurse durch Aktienrückkäufe fiel zu etwa 50 % aus. Die Verringerung der Aktienrückkäufe beschleunigt also den Kursverfall von Aktien und Börsenindices. Das sollte aber für langfristig agierende Spekulanten bedeutungslos sein, da Haussen viel länger als Börsenkorrekturen und Baissen dauern (siehe Kapitel „Zeitdauer von Phasen mit steigenden Aktienkursen (Bullenmärkte)").

Die Gier einzelner (temporärer) Großaktionäre

Natürlich gibt es viele Unternehmen, die aus eigenem Antrieb Aktienrückkäufe tätigen.

Aber hohe Unternehmensgewinne locken Investoren an, die höhere Dividenden und (höhere) Aktienrückkäufe einfordern. Auch wenn Unternehmen sich dafür verschulden müssen.

Ob nun mit oder ohne Großaktionär. Hier einige Beispiele von Firmen, die besser Zeit und Geld in die Weiterentwicklung Ihrer Produkte gesteckt hätten, als milliardenschwere Aktienrückkaufprogramme aufzulegen.

- Blackberry 3 Milliarden USD
- Motorola 10 Milliarden USD
- Nokia 20 Milliarden Euro

Auch wenn selbst Kleinanleger über Aktienkurssteigerungen von Aktienrückkäufen profitieren können, ist das System der Aktienrückkäufe fehlerbehaftet.

Der Einfluss der Europäischen Zentralbank (EZB) auf die Aktienkurse

Nach einer Studie von Morgan Stanley steigen die europäischen Aktienmärkte 4 bis 6 Monate nach der Ankündigung der EZB Anleihekäufe zu tätigen. Dabei geht diese Studie von Kurserhöhungen in einer Bandbreite von 5 bis 10 % aus.

Das kann aber meines Erachtens nur geschehen, wenn in diesem Zeitraum sonst nichts Bedeutendes passiert, was allgemein die Kurse bewegen könnte.

Der Einfluss der US-Notenbank (FED) auf die Aktienkurse

- Die Aktionärsquote beträgt in den USA 25 % (siehe Kapitel „Warum die Aktionärsquote in Deutschland so niedrig ist").

- Circa 48 Prozent der Ersparnisse der US-Amerikaner sind direkt oder indirekt in Aktien angelegt.
- Viele Rentner in den USA und viele Betriebsrenten sind von den Aktienkursen abhängig (siehe Kapitel „Die 401 (k)-Regelung in den USA").

Daker kann es alleine schon volkswirtschaftlich betrachtet, nicht im Interesse der FED sein, dass die Aktienkurse einbrechen. Es wird dann nämlich weniger konsumiert. Dies gefährdet Arbeitsplätze und wegen der geringen Konsumgüternachfrage kann die Inflation unter das Inflationsziel der FED rutschen.

Im Extremfall könnte es sogar zu sozialen Unruhen in den USA kommen.

Laut einer Studie der Wissenschaftlerinnen Anna Cieslak und Annette Viesing-Jorgensen aus dem Jahr 2018 hat die FED seit der Mitte der 90er Jahre oft nach fallenden Aktienkursen die Wachstumsaussichten vor allem für den Konsumbereich gesenkt. Primäre Absicht der folgenden Leitzinssenkungen oder verschobenen/unterbliebenen Leitzinserhöhungen war die Unterstützung der Wirtschaft. Als Sekundäreffekt wurden dadurch die Aktienkurse gestützt. Zumal dadurch andere Geldanlagen tendenziell unattraktiver wurden.

Allerdings zieht nach dieser Studie die FED den Leitzins nicht hoch nur, weil die Aktienkurse steigen. Diese Passivität der FED ist ebenfalls für die Aktienkurse förderlich.

Bei dem Aktiencrash im Jahr 1987 hatte die FED sofort Liquidität in den Markt gepumpt, um den Absturz der Aktienkurse abzumildern.

Auch die beiden Baissen in den Jahren 2000 bis 2002 (Kurssturz von 49,1 % beim S&P 500) und in den Jahren 2007 bis 2009 (Kurssturz von 56,8 % beim S&P 500) konnte die FED nicht verhindern. Selbst massivste Leitzinssenkungen brauchen Zeit bis sie sich positiv auf die Ergebnisse der

Unternehmen auswirken. Alleine schon die Tatsache, dass die Spekulanten mitbekommen, dass die FED anfängt zu intervenieren, kann Aktienkursabstürze abbremsen. Die FED ist dann wie ein Airbag für den amerikanischen Aktienmarkt.

So stark wie die FED den US-amerikanischen Aktienmarkt stützt, federt die EZB die europäischen Aktienmärkte nicht ab.

Aktien als Altersvorsorge

Für Kleinanleger ist eine vernünftige Altersvorsorge notwendiger als für den Zigarre rauchenden Kapitalisten. Eine Altersvorsorge mit einem Sparerpauschbetrag von 801 Euro verdient den Namen „Altersvorsorge" nicht.

Das Deutsche Aktieninstitut (DAI) weist daraufhin, das zur Schließung von Lücken, die deutsche, staatliche Rente hinterlässt, jeder 4 % jährlich seines Bruttoeinkommens sparen müsste. Diese Sparquote reicht aber nur dann aus, wenn das Gesparte jährlich eine Rendite von 4 % erbringt.

4 % Rendite im Durchschnitt kann man aber ungefähr seit dem Jahr 2010 nur mit Aktien erzielen.

Daher wird z. B. in Schweden ein Teil der Beiträge für die gesetzliche Rente am Aktienmarkt investiert.

Statt nun den Kauf von Aktien als Altersvorsorge zu fördern, diskutiert der deutsche Staat, ob der Kauf von Aktien besteuert wird. Ein weiterer Beleg dafür, wie inkompetent der deutsche Staat im Bereich der Altersvorsorge ist.

Außer dem lächerlichen Sparerpauschbetrag von 801 Euro und der unausgegorenen Riesterrente ist dem deutschen Staat bisher nicht viel zu dem Thema eingefallen.

Dabei war die Einführung der Riester-Rente im Jahr 2002 der Offenbarungseid des deutschen Staates, dass die gesetzliche Rente allein nicht mehr ausreicht.

Die Riesterrente – eine Fehlgeburt

Der deutsche Staat fördert ein so ein ineffizientes und bürokratisches Produkt wie die Riester-Rente:

Peter Thelen vom Handelsblatt:

Der Markt der Riester-Produkte ist unübersichtlich. Viele Angebote stecken voll versteckter Kosten, die die Rendite drücken.

Von der staatlichen Förderung sollten vor allem „sozial Schwache" profitieren. So versprach es Riester. Sie vor allem sollten ermuntert werden, vier Prozent ihres Einkommens in einen Riester-Vertrag zu stecken, um einen Ausgleich dafür zu schaffen, dass seit 2001 das Niveau der gesetzlichen Rente abgesenkt wird.

Doch leider riestern nicht die, die Riester vor Altersarmut bewahren wollte. Von den 30 Millionen Arbeitnehmern, die von der Rentenkürzung betroffen sind, zahlen nur 6,4 Millionen vier Prozent ihres Einkommens in eine Riester-Rente ein. 40 Prozent der staatlichen Fördergelder landen bei den oberen 20 Prozent der Einkommenshierarchie, nur sieben Prozent bei dem Fünftel mit den niedrigsten Löhnen. Immer mehr Kleinverdiener riestern nicht mehr.

Auch die Verbraucherzentralen kritisieren die Riester-Rente:

Beispiel:

Bereits seit Jahren stagnieren die Abschlüsse neuer Riester-Renten-Verträge, rund ein Fünftel sind ruhend gestellt... Auch wer nicht kündigt, zahlt also oft zumindest keine Beiträge mehr ein.

Das Riester-System ist zudem sehr komplex und das Kapital nicht frei verfügbar. Wird in der Arbeitswelt zunehmend Flexibilität gefordert, tue sich staatliche Förderung wie Riester schwer damit, etwa auf Jobwechsel und Zeiten der Arbeitslosigkeit zu reagieren. Wer kann bei einer Vertragslaufzeit von bis zu 40 Jahren heute noch absehen, was alles passieren wird?

Im Grunde läuft das System der privaten Altersvorsorge in Deutschland darauf hinaus, dass ein in diesem Bereich inkompetenter, deutscher Staat seinen Bürgern vorschreiben möchte, wie diese für ihr Alter vorsorgen sollen.

Die 401 (k)-Regelung in den USA

Auch anhand der 401 (k)-Regelung kann man leicht erkennen, was die Riesterrente für ein Mist ist.

Hier eine kurze Zusammenfassung:

- Aktiendepots für die Rente werden kostenlos von Discountbrokern und Fondsfirmen für die Sparer geführt.
- Die Arbeitnehmer in den USA können frei zwischen Aktien, Anleihen, Fonds und Indexpapieren wählen.
- Die Einzahlungen der Arbeitnehmer auf ihr 401 (k)-Konto werden vom Bruttogehalt/Bruttolohn abgezogen. Dadurch sinkt das Bruttogehalt/ bzw. der Bruttolohn. Was wiederum zur Folge hat, dass der Steuerbetrag auf Bruttogehalt/Bruttolohn sich reduziert. Die maximale Einzahlungssumme pro Jahr für den Abzug vom Bruttogehalt/Bruttolohn wird ständig erhöht (Jahr 2019-19.000 USD, 2018-18.500 USD, 2017-18.000 USD etc.)
- Diese maximale Einzahlungssumme pro Jahr kann vom Arbeitgeber aufgestockt werden, z. B. weil er seine Arbeitnehmer an sich binden will. In 2019 ist somit ein maximaler Einzahlungsbetrag von

insgesamt 56.000 USD möglich (Jahr 2018 - 55.000 USD). Zahlt der Arbeitgeber auf das 401 (k)-Konto seines Arbeitnehmers ein, kann er diese Einzahlungen als Betriebsausgaben absetzen.

- Auch der Arbeitnehmer kann aus bereits versteuerten Gehalts-/Lohnbestandteilen noch zusätzlich auf sein 401 (k)-Konto einzahlen. Werden diese bereits versteuerten Einzahlungen ihm später als Rentner zurückgezahlt, muss er diese Auszahlungen nicht nochmal versteuern. Auch auf diese Art und Weise ist im Jahr 2019 ein maximaler Einzahlungsbetrag von insgesamt 56.000 USD möglich. Von dieser Begrenzung 56.000 USD sind die Einzahlungen des Arbeitgebers auf das 401 (k)-Konto seines Arbeitnehmers abzuziehen.

- Beispiel: 56.000 USD minus 19000 USD Abzug vom Bruttogehalt/Bruttolohn minus 20.000 USD Einzahlung vom Arbeitgeber ergibt einen Restbetrag von 17.000 USD. Entsprechend diesem Beispiel kann im Jahr 2019 der Arbeitnehmer noch zusätzlich 17.000 USD aus bereits versteuertem Einkommen auf sein 401 (k)-Konto einzahlen. Ich hoffe, dass auch auf diese Art und Weise klar wird, wie lächerlich der jährliche Sparerpauschbetrag von 801 Euro ist. Da in der Regel das Ersparte bereits aus schon versteuerten Quellen stammt.

- Kursgewinne und Dividenden sind bei der 401 (k)-Regelung während der Ansparphase nicht zu versteuern. Die 401 (k)-Regelung ist also zu einem großen Teil ein Steuerstundungsmodell.

Wie sind die Risiken der 401 (k)-Regelung für die Arbeitnehmer in den USA?

Geht der Arbeitgeber pleite, muss das der Betrag auf dem 401 (k)-Konto auf ein IRA-Konto (individual retirement account) überwiesen werden.

Ferner besteht das Risiko, das es beim Eintritt in den Ruhestand oder während des Ruhestands zu einem Absturz der Aktienkurse von 40 bis 50 % kommt.

Geschieht dieser Kurssturz beim Eintritt in den Ruhestand und erhält man monatliche (Renten)Zahlungen, ist in der Regel die restliche Lebensdauer lang genug, damit sich die Aktienkurse erholen können.

Siehe die Kapitel:

- Wie lange Kurserholungen dauern
- Noch verbleibende Anlagejahre für Rentner in Deutschland und in den USA

Will man einem möglichen Kurssturz während Ruhestands entgehen, könnte man daran denken, sich beim Eintritt in den Ruhestand sich den gesamten Betrag vom 401 (k)-Konto auf einmal auszahlen zu lassen. Wahrscheinlich führt das aber zu einer ungeheuren steuerlichen Belastung im Jahr der vollständigen Auszahlung. Zudem wäre damit gleichzeitig das Problem einer Wiederanlage des durch Steuern reduzierten Betrages zu lösen.

Seit 1998, also in den letzten 20 Jahren gab es in den USA gerade mal 2 Baissen. Die führten beim S&P 500 In den Jahren 2000 bis 2002 zu einem Kurssturz von 49,1 % und in den Jahren 2007 bis 2009 zu einem Kurssturz von 56,8 %.

Aber selbst ein Einbruch der Aktienkurse um 50 % muss nicht zwangsläufig dazu führen, dass sich insgesamt ein Kursverlust für den Rentner ergibt.

Beispiel:

Summe der Einzahlungen insgesamt 10.000 USD. Gesamtwert des 401 (k)-Konto auf Grund von Dividenden und Kursgewinnen 30.000 USD im Ruhestand 30.000 USD. Wegen eines Kurssturzes um 50 %, sinkt der Wert des 401 (k)-Kontos auf 15.000 USD.

Bei dieser stark vereinfachten Rechnung müsste man zu den 5000 USD „Gewinn" noch die bisher erhaltenen monatlichen Rentenzahlungen vom 401 (k)-Konto hinzurechnen. Sei es darum. Es geht hier bei diesem einfachen Beispiel nur darum, dass selbst ein temporärer Kurssturz von 50 % noch abgefedert werde kann,

Die US-amerikanische Notenbank würde einem solchen Kurssturz, bei über 40 Millionen Rentnern und über 55 Millionen Arbeitnehmern mit einem 401 (k)-Konto, nicht tatenlos zusehen (siehe auch das Kapitel „Der Einfluss der US-Notenbank (FED) auf die Aktienkurse"). Auch ist schwer vorstellbar, dass andere staatliche Organe der USA in einer solchen Situation sich passiv verhalten.

Wie bereits eben erwähnt, hatten im Jahr 2018 über 55 Millionen Arbeitnehmer in den USA trotz der Restrisiken ein 401 (k)-Konto. Eine beachtliche Zahl, da die Anzahl der Erwerbstätigen in den USA für das Jahr 2018 auf circa 155 Millionen geschätzt wird. Zumal es in den USA noch andere, attraktivere Altersvorsorgekonzepte als die Riesterrente gibt.

Trotz dieser Restrisiken bieten UK, Australien, Indien, Japan, Malaysia etc. der 401 (k)-Regelung ähnliche Altersvorsorgekonzepte an.

Der deutsche Staat dagegen bietet als Altersvorsorge seine Riesterrente und seinen zwergenhaften Sparerpauschbetrag von 801 Euro an.

Auch Rentner sparen noch und legen Geld an

Trotz der niedrigen, deutschen Renten gibt es viele Rentner, die sparen. Hinzu kommt noch die Möglichkeit, für Rentner bisher Erspartes neu anzulegen. Angesichts des fortgeschrittenen Alters spielen die Dauer einer Börsenkorrektur/einer Baisse und die durchschnittliche Lebenserwartung eine besondere Rolle. Wer will schon seinen Erben ein Aktiendepot hinterlassen, das sich im Minus befindet? Insbesondere dann wohl kaum, wenn die Erben Aktien als unsichere Geldanlage betrachten.

Eine Umfrage von Kantar Emnid hatte ergeben, dass zwei Drittel der über 65-jährigen in irgendeiner Form sparen.

Nach einer Studie der Deutschen Bank vom März 2019, sind die Erben das Hauptmotiv, dass Rentner sparen und Geld anlegen.

Rund 80 % der älteren Menschen wollen ihren Erben etwas hinterlassen und damit nicht ihr Erbe verbrauchen.

Das bedeutet aber nicht, dass die Rentner sich nichts gönnen. Z. B. werden beim Eintritt in den Ruhestand aufgeschobene, größere Urlaubsreisen nachgeholt.

Also sinken Sparquote und Sparneigung laut dieser Studie beim Eintritt in den Ruhestand erstmal. Laut der Studie der deutschen Bank wird aber so etwa ab einem Alter von 75 Jahren der Erben wegen wieder mehr gespart.

Sichere Geldanlagen als Aktien

Anleihen, Immobilien und Gold gelten allgemein als eine sichere Geldanlage als Aktienspekulationen. Dennoch lohnt es sich mal einen genaueren Blick auf diese 3 Anlagearten zu werfen. Dass eine sichere Geldanlage langfristig eine geringere Rendite als ein ETF auf einen Börsenindex erzielen darf, dürfte wohl von den meisten Anlegern hingenommen werden. Dafür muss man nicht so schwitzen, weil weniger Unsicherheiten in den Griff zu bekommen sind.

Aber auf kein Verständnis dürfte stoßen, wenn eine Geldanlage genauso unsicher ist, wie ein ETF auf einen Börsenindex, aber langfristig weniger Rendite erwirtschaftet als ein ETF auf einen Börsenindex.

Unternehmensanleihen gelten allgemein als sichere Geldanlage als Aktien. Die jährlichen Zinszahlungen sind planbarer und garantierter als Dividenden.

Der Meinung, dass Anleihen eine sichere Geldanlage als Aktien sind, folgten das Europäische Parlament und der Rat der Europäischen Union nur bedingt. Denn am 24. November 2010 wurde die Richtlinie 2010/73/EU erlassen.

Der deutsche Gesetzgeber hatte diese Richtlinie dann durch Änderung des Wertpapierprospektgesetzes (WpPG) mit Wirkung zum 1. Juli 2012 in das deutsche Recht umgesetzt.

Damit war ein Prospekt zur Verbraucheraufklärung nur dann entbehrlich, wenn die Mindeststückelung bzw. der Mindestanlagebetrag für die Anleihe 100.000 Euro beträgt.

Das führte faktisch zu einem Ausschluss von Kleinanlegern für den direkten Kauf von diesen Anleihen, da vielen Unternehmen die Erstellung eines Prospektes zu teuer war und ist.

Michael Völter, Vorstandsvorsitzender der Vereinigung Baden-Württembergische Wertpapierbörse im Jahr 2018:

Die in diesem Jahr neu auf den Markt gekommenen Unternehmensanleihen mit einem Volumen von mindestens 500 Millionen Euro hatten in 88 Prozent der Fälle eine Stückelung von 100.000 Euro und mehr. Im Jahr 2011 waren es 66 Prozent,...

Warum Kleinanleger sich bei Aktien kaputt spekulieren können und vor Anleihen von DAX-Unternehmen geschützt werden müssen, leuchtet mir nicht ein. In der Konsequenz kann das nur bedeuten, dass Anleihen von

DAX-Unternehmen unsicherer sind als deren Aktien. Ich kenne aber niemand, der diese Meinung ernsthaft vertritt.

Jemand der 100.000 Euro in eine Anleihe investieren kann, ist für mich kein Kleinanleger. Falls die 100.000 Euro die gesamten Ersparnisse darstellen sollten, hätte man zu dem mit der Fokussierung auf eine bestimmte Anleihe, nicht die erforderliche Risikodiversifizierung beachtet. Wer hier aber sein Risiko streut, in dem er 5 bis 6 Anleihen à 100.000 Euro kauft, der kann auch über den Erwerb einer Immobilie nachdenken. Hier wäre dann – da nur 1 Immobilienobjekt – auch das Risiko nicht gestreut, aber Boden und Gebäude/Wohnung verschwinden nicht von einem Tag auf den anderen. Ein Unternehmen kann pleitegehen, eine Immobilie nicht.

Allerdings gibt es auch ETFs für Anleihen.

Bei den sogenannten Mittelstandsanleihen ist dagegen ein Mindestanlagebetrag von 1.000 Euro - statt einem Mindestanlagebetrag von 100.000 Euro - üblich. Allerdings ist bei den Mittelstandsanleihen die Ausfallwahrscheinlichkeit wesentlich höher als bei den Anleihen von DAX-Unternehmen (siehe unten).

Renditen von Unternehmensanleihen

Hier einige Beispiele für Anleihen von DAX-Unternehmen (Stand 6. September 2019).

Unternehmen	Laufzeitende	Rendite bis Laufzeitende
Adidas	Anleihe v.2014(26/26)	0,271 %
BASF	SE MTN v.2016(2016/2031	0,447 %
BMW	NK-Medium-Term Notes 2019(23)	1,629 %

Continental	MTN v.16(16/20)Reg.S	-0,124 %
Covestro	Medium Term Notes v.16(16/21)	0,09 %
Daimler	Medium Term Notes v.17(29)	0,654 %
Fresenius Medical Care KGaA	MTN v.2018(2025/2025)	0,256 %
Henkel AG & Co. KGaA	LS-Med. Term Nts. v.16(16/22)	0,457 %
Infineon	Anleihe v.2015(2022)	-0,085 %
Linde Finance B.V.	EO-Medium-Term Notes 2016(28)	-0,054 %
Merck Financial Services	Med.-Term Nts.v. 2010 (2020)	-0,207 %
RWE AG	Term Notes v.12(37)	1,833 %
SAP SE	Med.Term Nts. v.2015(25/25)	-0,142 %
Volkswagen Fin. Services N.V.	LS Medium-Term Notes 2017(25)	1,796 %
Vonovia Finance B.V.	EO-Medium-Term Nts 2015(15/25)	0,107 %

Tabelle 30 Renditen von Anleihen von DAX-Unternehmen

Auch wenn diese Anleihen alleine schon wegen ihrer verschiedenen Laufzeiten nicht direkt miteinander vergleichbar sind, dürfte es offensichtlich sein, dass die Rendite bei diesen Beispielen weit unter der Rendite liegt, die langfristig mit einem ETF auf einen Börsenindex möglich ist. Dafür müssen Sie bei dieser Geldanlage nicht so viel schwitzen wie bei Aktienspekulationen. Die Anzahl der Unsicherheiten, die man hier in den Griff bekommen muss, ist geringer.

Babcock ein Gründungsmitglied des DAX musste 1995 wegen zu geringen Börsenwerts den DAX verlassen und meldete 2002 Insolvenz an.

Angesichts der Geldpolitik der EZB dürfte sich daran so schnell ändern. Einige Experten gehen davon aus, dass die nächste Zinserhöhung der EZB nicht vor 2025 kommen wird.

Karstadt, ebenfalls ein Gründungsmitglied des DAX, ging es ähnlich. Rauswurf aus dem DAX 2001, 2009 Anmeldung der Insolvenz als Arcandor.

So schnell gehen also DAX-Unternehmen nicht pleite. Eine starke Verringerung des Börsenwertes bedeutet, dass der Aktienkurs in die Knie gegangen ist.

Wer zu dieser Zeit einen ETF auf den DAX hatte, musste übrigens nur bis zu dem Rausschmiss der beiden Unternehmen aus dem DAX mitleiden. Das ist der Vorteil eines ETFs auf einen Börsenindex. Die Guten ins Töpfchen, die Schlechten ins Kröpfchen.

Anders die Renditen bei den sogenannten Mittelstandsanleihen. 6 % bis 11 % Rendite sind hier möglich bei Unternehmen, die noch Zinszahlungen leisten können und von denen man mit einer über 90 % Wahrscheinlichkeit davon ausgeht, dass sie am Ende der Laufzeit, den Anleihebetrag zurückzahlen können. Das haben aber (zu)viele Unternehmen, die Mittelstandsanleihen begeben haben, in der Vergangenheit nicht geschafft.

Hier 27 Beispiele in einer willkürlichen Reihenfolge:

Exer, German Pellets, Payom Solar, HKW Personalkonzepte, Enterprise Holdings, DAH Energie, Friedola, GetGoods, Guenther Zamek, Karlie Group GmbH, KTG Agrar, MT Energie, Rena GmbH, Rickmers Holding AG, Gebr. Sanders, Penell GmbH, SIAG Schaaf, MS Deutschland, René Lezard, Beate Uhse, Air Berlin, Sympatex, Kézizálog, Royalbeach, DF DT.FORFAIT AG, SiC Processing GmbH, Solar8 Energy AG

Natürlich kann man trotzdem mit den sog. Mittelstandsanleihen eine gute Rendite erzielen.

Aber angesichts der vielen Unternehmen, die nicht (vollständig) ihren Zahlungsverpflichtungen nachgekommen sind, finde ich nicht, dass Mittelstandsanleihen sicherer als Aktien oder gar sicherer als ein ETF auf einen Börsenindex sind.

Dieses Kapitel bezieht sich nur auf Unternehmensanleihen, da Aktien auch von Unternehmen stammen.

Immobilien als sichere Geldanlage

Einige Bundesländer haben in den Jahren 2015 bis 2017 die Grunderwerbsteuer auf 6,5 % erhöht.

Beispiel:

6,5 % von 500.000 Euro sind 32.500 Euro an zusätzlichen Kaufnebenkosten.

Dagegen betrug die Grunderwerbsteuer im Jahr 2017 in den Niederlanden nur 2 Prozent des Kaufpreises.

Solchen Bundesländern kann kein ernsthaftes Interesse unterstellt werden, dass möglichst viele Leute Immobilien erwerben können, damit der Mietwohnungsmarkt entlastet wird.

Stattdessen schieben diese Bundesländer und Andere den schwarzen Peter den steigenden Baukosten und Immobilienspekulanten zu. Dabei ist für steigende Baukosten auch das überregulierte deutsche Baurecht verantwortlich, das von den Bundesländern und dem Bund gestaltet wird.

Dabei war Deutschland bereits im Jahr 2013 mit einer Quote von fast 45 % beim selbstgenutzten Wohnungseigentum in Europa fast Schlusslicht. Nur die teure Schweiz hatte eine noch eine geringere Quote. Nähere Informationen dazu können Sie hier finden.

- https://www.lbs-markt-fuer-wohnimmobilien.de/inhalt/bestandszahlen/#content_974

Also nicht nur im Bereich der Aktienanlage, sondern auch im Bereich der selbstgenutzten Immobilien behindert der deutsche Staat die Altersvorsorge seiner Bürger. Stattdessen empfiehlt er so ein bürokratisches Monstrum wie die Riester-Rente (siehe Kapitel „Die Riesterrente – eine Fehlgeburt").

Die Behinderung durch den deutschen Staat im Bereich der selbstgenutzten Immobilien hinterlässt seine Spuren.

Einer Untersuchung des "Verbändebündnis Wohnperspektive Eigentum" aus dem Jahr 2017 zu Folge, ist der Anteil unter den 30- bis 40-Jährigen, die im Eigenheim wohnen, um zehn Prozent gesunken ist und liegt damit auf einem Niveau von vor dem Jahr 2002. Wer sich für weitere Details interessiert, findet diese hier.

- https://www.vpb.de/download/pm_wohneigentumsquote_23-01-2017.pdf

Die Zahl der jüngeren Immobilienkäufer bis zu einem Alter von 34 Jahren sinkt ständig.

Wohnungseigentum können sich Kleinanleger also nicht leisten. Da hilft auch das klassische Sparen in der Form von Sparbüchern und Termingeldern nicht weiter. Daher ist für Kleinanleger Wohnungseigentum keine Geldanlage. Weder eine sichere noch eine unsichere.

Wer es dennoch schafft, Immobilien zu erwerben, hat mit einer Immobilie sicher eine nervenschonendere Geldanlage als mit Aktienspekulationen. Selbst wenn der Wert der Immobilie mal unter dem Kaufpreis fallen sollte, merkt man das in der Regel nicht. Da man den Wert der Immobilie nicht ständig neu bewerten lässt. Bei selbst genutzten Immobilien kann man temporäre Wertverluste wegen der eigenen Nutzung der Immobilie psychisch besser aussitzen.

Wer seine gesamten Ersparnisse in nur eine Immobilie investiert, bindet viel Geld an diese Immobilie und hat keine Risikostreuung.

Kleinanleger, die sich kein Wohnungseigentum leisten können, können sich aber an einem offenen Immobilienfonds beteiligen. Da kann man schon mal einen Anteil für 40 bis 50 Euro kaufen.

Durch den Bundesverband Investment und Asset Management (BVI) vierteljährlich vergleichbare Risikoklassen offener Immobilienfonds in Form des SRRI (Risiko-Rendite-Indikator) bestimmt und veröffentlicht.

Renditen von offenen Immobilienfonds

Laut einer Studie der Ratingagentur Scope aus dem Jahr 2018 liegen die Renditen der offenen Immobilienfonds derzeit im Schnitt bei rund 3 Prozent.

Das ist weniger als die Hälfte der Rendite/der Kursgewinne, die Sie langfristig mit ETFs auf Börsenindices erzielen können (siehe oben). Dafür haben Sie in der Regel keine so großen Kursschwankungen wie an den Aktienmärkten, da die Immobilienpreise und Mietpreise nicht so stark variieren. Die psychische Belastung ist bei dieser Art der Geldanlage geringer. Da es hier einfacher ist, psychische Unsicherheiten in den Griff zu bekommen, ist der Lohn der Angst geringer.

Wer sich für Details interessiert, kann die PDF-Datei „Scope Analysis_OIF Marktstudie_2018 Jun.pdf" mit der Studie hier herunterladen.

- https://www.scopeanalysis.com/#search/research/detail/156898DE DE

Gold als sichere Geldanlage

Gold gilt allgemein im Gegensatz zu Aktien als sichere Geldanlage. Goldmünzen wie z. B. der Krügerrand, die sogar als Zahlungsmittel zugelassen sind, vermitteln ein größeres Gefühl der Sicherheit als eine abstrakte Zahl, die den Gesamtwert Ihrer Aktien abbildet.

Deswegen besitzen wohl rund 26 Millionen Deutsche, Goldbarren oder Goldmünzen als Geldanlage. Während es hingegen laut dem Deutschen Aktieninstitut in Deutschland nur etwas mehr als 10 Millionen Aktionäre gibt.

Gold unterliegt übrigens in Deutschland nicht dem Anlegerschutz, weil es trotz seiner hohen Wertschwankungen als Sachinvestment eingestuft wird. Das bedeutet, es gibt keinen Schutz vor unseriösen Anbietern mit falschen Versprechungen und versteckten Kosten. Mangels Anlegerschutz werden Goldgeschäfte auch nicht von der Finanzaufsicht Bafin kontrolliert.

Die Rendite von Gold und die Schwankungen des Goldpreises

Da es in diesem Buch in erster Linie um Aktienspekulationen geht, wird die Rendite des global handelbaren Goldes mit der Rendite des Börsenindex MSCI World verglichen (Quelle: Finanztip).

Zeitraum	Rendite Börsenindex MSCI World	Rendite Gold
1980 - 1990	18,8 %	-1,2 %
1990 - 2000	12,6 %	-2,6 %
2000 - 2017	1,8 %	7,7 %
1975 - 2017	8,4 %	3,8 %

Tabelle 31 Renditevergleich: Gold - MSCI World Index

Wer zu den hohen Preisen von 1980 eine Feinunze 1980 gekauft hatte, konnte erst im Januar 2008 als Verkaufspreis den Kaufpreis von 1980 erzielen. So lange dauern Baissen und Kurserholungen an den Aktienmärkten nicht an (siehe oben).

Langfristig betrachtet ist also die Rendite des Börsenindex MSCI World klar besser als die Rendite von Gold. Die Rendite ist noch nicht mal halb so hoch wie die vom Börsenindex MSCI World.

Vielleicht lässt sich die geringere Rendite mit geringeren Kursschwankungen des Goldpreises rechtfertigen? So wie bei den offenen Immobilienfonds?

Zeitraum	Schwankungen Börsenindex MSCI World	Schwankungen Goldpreis
1980 - 1990	15,4 %	21,8 %
1990 - 2000	16 %	12,3 %
2000 - 2017	14,9 %	12,7 %
1975 – 20,17	15,1 %	15,9 %

Tabelle 32 Schwankungsvergleich: Goldpreis - MSCI World Index

* Quelle: Finanztip

Die Schwankungen des Goldpreises sind also nicht geringer als die Schwankungen des Börsenindex MSCI World.

Zwischen 2011 und 2014 hatte der Goldpreis einen Kurseinbruch von immerhin fast 50 %. Das ist ein etwas höherer Kurseinbruch als beim DAX und beim S&P 500 im Jahr der Finanzkrise 2008.

Die starken Schwankungen des Goldpreises rechtfertigen keine Rendite, die noch nicht mal halb so hoch ist wie des Börsenindex MSCI World.

Aufgrund der starken Schwankungen des Goldpreises ist Gold für mich keine sichere Geldanlage.

Zudem wird man sehen, ob in Krisenzeiten Anleger weiterhin in Gold flüchten oder zukünftig (auch) Kryptowährungen als sicheren Hafen benutzen.

Die Rendite von Gold und die starken Schwankungen des Goldpreises dürften allerdings für leidenschaftliche Sammler von Goldmünzen von untergeordneter Bedeutung sein.

Zu riskante Geldanlagen

Es gibt wesentlich risikoreichere Geldanlagen, als einen ETF auf einen Aktienindex zu kaufen.

In den folgenden Kapiteln wird das jeweils durch eine Studie belegt.

Währungsspekulationen

Bereits 2014 warnte die französische Finanzaufsicht vor Verlusten bei Währungsspekulationen.

90 % der privaten Währungsspekulanten verloren Geld. Im Untersuchungszeitraum 2009 bis 2012 betrug der Verlust der 15.000 privaten Anleger im Durchschnitt pro Kopf circa 11.000 Euro.

Stellen Sie sich mal vor, wie viel Urlaub Sie für 11.000 Euro „kaufen" können.

Sie denken auf Grund dieser Warnung, gibt es heute keine privaten Währungsspekulanten mehr?

Der private Devisenhandel existierte im Jahr 2000 noch so gut wie gar nicht.

Ende 2015 handelten Privatanleger nach Branchenangaben Devisen im Wert von knapp 300 Milliarden Dollar. Das dürfte etwa 15 bis 20 % des globalen Kassamarktes entsprechen.

Wenn Sie jetzt ein Wertpapier verkaufen oder verkaufen und rufen deswegen Ihre Bank an oder schicken Ihrer Bank ein Fax oder Sie geben den Verkaufsauftrag oder den Kaufauftrag selber über das Internet auf, dann wird ein Kassageschäft am Kassamarkt ausgeführt.

Das Gegenteil von einem Kassageschäft ist ein Termingeschäft. Bei einem Termingeschäft verkaufen Sie Wertpapiere zu einem bestimmten Termin und dieser Termin ist eben nicht gerade heute oder der nächste Tag, an dem Ihre Bank wieder geöffnet hat.

Diese grobe Definition ist hier ausreichend, denn dadurch wird hoffentlich verständlich für jedermann aufgezeigt, dass der sogenannte Kassamarkt ein riesiger Markt ist.

Denn wenn 15 % bis 20 % 300 Milliarden sind, die also mit privatem Devisenhandel umgesetzt werden, dann beträgt der Umsatz des globalen Kassamarktes circa 1500 bis 2000 Milliarden Dollar.

Der Anstieg der privaten Währungsspekulationen wurde u. a. durch verschiedene Onlineportale ausgelöst, die um die Jahrtausendwende oder später entstanden sind.

Dort kann man schon mit kleinen Beträgen auf verschiedenste Art und Weise auf Währungsänderungen wetten bzw. spekulieren.

Ich erwähne diese Online-Portale aus 2 Gründen nicht.

Zum einen ist der Devisenmarkt alleine schon deswegen für den Privatanleger intransparent, weil die Kurse stark vom Interbankenhandel beeinflusst werden.

Steigt dagegen der Kurs einer Aktie, weil sich der Gewinn des Unternehmens verdreifacht hat, dann hat das nichts mit Interbankenhandel zu tun.

Zum anderen dauert nach einer Studie der Cass Business School die durchschnittliche Karriere eines privaten Währungsspekulanten im Durchschnitt 45 Tage. Ein privater Währungsspekulant, der auf über 100 Handelstage kommt, ist da schon ein alter Hase.

Auf Zinserhöhungen/Zinssenkungen von Notenbanken wetten?

In diesem Fall wetten Sie nicht auf Veränderungen von Währungen, sondern auf Veränderungen von Zinsen.

Für das Jahr 2016 hatte die amerikanische Notenbank bis zu vier Zinserhöhungen angedeutet, tatsächlich gab es nur 1 Zinserhöhung im Jahr 2016.

Am Jahresende 2018 hatte die US-amerikanische Notenbank für das Jahr 2019 an 2 Zinserhöhungen gedacht. Tatsächlich senkte die amerikanische US-Notenbank den Leitzins am 31. Juli 2019.

Wie Sie sehen, können Sie sich noch nicht mal auf die Ankündigungen der amerikanischen US-Notenbank verlassen.

Dennoch scheint mir das Wetten auf Veränderungen bei den Zinsen sicherer zu sein, als das Wetten auf Veränderungen bei Währungen.

Da gibt es einen einfachen Grund dafür. Weder die US-Notenbank (FED) noch die Europäische Zentralbank (EZB) hat in der überschaubaren Vergangenheit öfters den Leitzins hochgesetzt um ihn danach anschließend gleich wieder zu senken.

Bei den Zinserhöhungen und den Zinssenkungen der beiden Notenbanken handelt es sich in der Regel um längere Perioden, in denen die Zinsen in mehreren Trippelschritten entweder erhöht oder gesenkt werden. Ein wildes Hin und Her können beide Notenbanken nicht ihren jeweiligen Volkswirtschaften zumuten.

Hebelzertifikate

Da niemand kurzfristig Kurse vorhersagen kann, multipliziert sich diese Unsicherheit bei Hebelzertifikaten.

So bedeutet z. B. ein 6facher Hebel auf den DAX, dass wenn der DAX um 1 Prozent sinkt, der Wert des Hebelzertifikates um 6 % sinkt. Zudem gibt es noch Hebelzertifikate, bei denen das Hebelzertifikat weitgehend wertlos wird, wenn der Kurs des Hebelzertifikates unter einen gewissen Wert sinkt.

Handel mit CFDs

Ähnlich mies wie bei privaten Währungsspekulationen fallen die Resultate bei Geschäften mit Hebelprodukten wie Differenzkontrakten (CFDs) aus.

Bei CFD-Kontrakten können Anleger mit kleinen Kursbewegungen ihren Einsatz vervielfachen.

Das hört sich gut an, insbesondere für Anleger, die nur relativ kleine Beträge investieren können. Das klingt verlockend.

Daher sind das nicht nur 2 oder 3 Freaks, die in CFDs investieren, sondern es gab in Deutschland nach Angaben des CDF-Verbandes aus dem März 2016 rund 140.000 CFD-Konten, Tendenz steigend.

Dabei wetten die CFD-Spekulanten aus Deutschland in erster Linie auf die Entwicklung vom DAX und damit auf etwas, was sich relativ leicht überschauen lässt.

Es geht also hauptsächlich um die Frage: Wie ist der Trend? Steigt der DAX in der Zukunft oder fällt der DAX zukünftig.

ABER:

Die französische Finanzaufsicht AMF analysierte 4 Jahre lang die Handelsergebnisse von fast 150.000 Hobby-Spekulanten.

Mehr als 89 % der französischen CFD-Anleger erlitten Verluste mit CFDs, im Durchschnitt rund 10.000 Euro.

Da somit CFDs auch nicht für deutsche Anleger zu empfehlen sind, wird hier nicht weiter erklärt, was CFDs sind.

Wen Ihnen jemand CFDs zur Geldanlage empfiehlt, denken Sie bitte daran, dass hier fast 90 % der Anleger Verluste einfahren.

Schlusswort

Ich würde mich für Sie sehr freuen, wenn das Buch dazu beitragen hat, dass

- Zusammenhänge klarer geworden sind
- nachvollziehbar ist, dass die Risiken bei Aktienspekulationen, bis auf 2 extreme Ausnahmen in den letzten 20 Jahren, überschaubar sind
- man die Unsicherheiten der Aktienmärkte psychisch in den Griff bekommen kann

Allerdings kann man meines Erachtens nicht erwarten, dass die äußerst seltenen Kurseinbrüche von um die 50 % bei Börsenindices, verdaubar sind.

Bei den Quellenangaben habe ich mit mir einen mühsamen Kompromiss ausgehandelt. Um einer Zerfaserung des Inhalts entgegenzuwirken, habe ich nicht überall die Quellen angegeben. Zudem erhebt dieses Buch nicht den Anspruch, eine Dissertation zu sein.

Literaturempfehlungen

E-Book Distributoren, E-Book Shops, E-Book Themen. Eine Entscheidungshilfe mit 90 Abbildungen und mit über 500 weiterführenden Links.

Jeder kann ein E-Book erstellen. Jeder kann ohne Programmierkenntnisse mit Jutoh ein E-Book erstellen. Mit über 550 Abbildungen und praktischen Beispielen.

Automatisiert Fehler im Text entdecken. Automatisiert Fehler im Text entdecken und korrigieren. Mit praktischen Beispielen und über 90 Abbildungen.

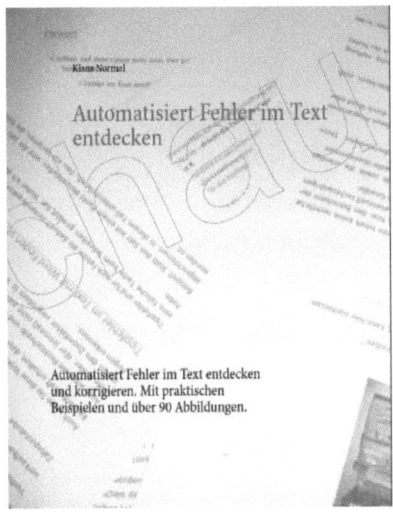

Haftungsausschlüsse

Soweit das Buch Links zu Webseiten Dritter enthält, wird für deren Inhalt keine rechtliche Verantwortung übernommen. Diese liegt allein bei den Anbietern, bzw. den Betreibern der betreffenden Seiten. Hiermit distanziere ich mich ausdrücklich von eventuell rechtswidrigen Inhalten aller verlinkten Seiten und übernehme hierfür auch keinerlei Gewähr.

Für die fortlaufende Richtigkeit, Vollständigkeit, Aktualität, Qualität sowie die ständige Verfügbarkeit der Links zu den genannten Webseiten wird keinerlei Gewähr übernommen.

Für Preisangaben und andere Konditionen wird keine Haftung übernommen. Diese Informationen können jederzeit geändert werden.

Für die Qualität der Bilder bzw. Abbildungen im Buch wird auch keine Haftung übernommen. In der dem Buch zu Grunde liegenden PDF-Datei sahen die Bilder in Ordnung aus.

Für Angaben über Aktienkurse, Kurse von Börsenindices, Statistiken etc. wird keine Haftung übernommen. Soweit sich das Buch auf Studien/Untersuchungen bezieht, wird für deren Richtigkeit und Vollständigkeit keine Haftung übernommen. Falls Anlageentscheidungen auf Grund dieses Buches getroffen werden, ist für den Erfolg oder Misserfolg dieser Anlageentscheidungen die Anlegerin oder der Anleger alleine verantwortlich. Folgerichtig gibt es in diesem Buch auch keine konkreten Empfehlungen für eine bestimmte Aktie oder einen bestimmten ETF oder ein bestimmtes Indexzertifikat.

It-Door SARL übernimmt keine Gewähr für die Aktualität, Korrektheit, Vollständigkeit oder Qualität der bereitgestellten Informationen. Haftungsansprüche gegen It-Door SARL, welche sich auf Schäden materieller oder ideeller Art beziehen, die durch die Nutzung oder Nichtnutzung der dargebotenen Informationen bzw. durch die Nutzung fehlerhafter und unvollständiger Informationen verursacht wurden, sind grundsätzlich ausgeschlossen.

<u>Impressum und Copyright</u>

Bibliografische Information der Deutschen Nationalbibliothek:

Die Deutsche Nationalbibliothek verzeichnet diese Publikation in der Deutschen Nationalbibliografie; detaillierte bibliografische Daten sind im Internet über http://dnb.dnb.de abrufbar.

© 1. Auflage 2019 It-Door SARL, 14 rue Hiehl, L-5415 Canach,

Webpage: http://www.itdoor.lu/

Herstellung und Verlag: BoD – Books on Demand, Norderstedt

ISBN: 978-3-7494-8580-2

Urheberrechte anderer zu beachten. Es gilt das luxemburgische Urheberrecht ggf. auch das Urheberrecht der EU.

Per aspera ad astra

(Über raue Pfade, gelangt man zu den Sternen)